消費税は２％がいい

目　次

はじめに

第一部

1. 日本は借金大国 …………………………………… 1
2. 日本は破綻しないか ……………………………… 3
3. なぜ財政健全化できない ………………………… 4
4. 消費税増税はできますか ………………………… 6
5. 消費税は2％がいい ……………………………… 7

第二部

1. 消費税の益税はまだまだ存在する ……………… 8
2. 企業は消費税を負担していない ………………… 10
3. 間違えやすい課税の範囲 ………………………… 12
4. 付加価値税とはなにか …………………………… 14
5. 課税、免税、非課税、不課税はどう違うのか …… 16
6. 輸出免税で消費税を還付してもらえる ………… 19
7. 消費税の不正還付の事例 ………………………… 21
8. 非課税は企業にとって重荷になっている ……… 23
9. 非課税は消費者のためになっていない ………… 26
10. 非課税売上でも消費税を差し引いていいですか … 28
11. マンションオーナーの自販機商法 ……………… 31
12. インボイス方式とアカウント方式 ……………… 33
13. 消費税を納税する必要がない企業 ……………… 36
14. 簡易課税は必要でしょうか ……………………… 39
15. 消費税の二重課税問題 …………………………… 41
16. 給与は「課税仕入れ」にできるか ……………… 43
17. 不明朗な接待交際費 ……………………………… 45
18. 不明朗な旅費交通費 ……………………………… 48
19. 不明朗な会費、組合費 …………………………… 50
20. 回数券で裏金作り ………………………………… 52

２１．契約次第で課税されない消費税 …………… ５４
   ２２．宗教法人は税金天国 …………………………… ５６
   ２３．軽減税率の導入 ………………………………… ５８

第三部
   １．消費税の誕生 …………………………………… ６２
   ２．大混乱のスタート ……………………………… ６４
   ３．消費税の課税対象 ……………………………… ６６
   ４．非課税取引 ……………………………………… ７４
   ５．輸出免税 ………………………………………… ８３
   ６．輸入取引 ………………………………………… ８６
   ７．納税義務者 ……………………………………… ８８
   ８．課税の時期 ……………………………………… １０１
   ９．消費税の計算 …………………………………… １０３
   １０．控除税額の計算 ……………………………… １０９
   １１．簡易課税制度 ………………………………… １１６
   １２．消費税の申告 ………………………………… １２７
   １３．国、地方公共団体の特例 …………………… １３１
   １４．総額表示 ……………………………………… １３４
   １５．消費税の会計処理 …………………………… １３６
   １６．リバースチャージ方式 ……………………… １４０

第四部
   １．再び、消費税は２％がいい …………………… １４８
   ２．２％の新消費税 ………………………………… １４９
   ３．デメリットは …………………………………… １５０
   ４．メリットは ……………………………………… １５２
   ５．理想的な税金とは ……………………………… １５３

おわりに ……………………………………………… １５５

はじめに

　日本の国債などの発行による借金が１，０００兆円を超えており、国債などの利息を含めると、毎日数百億円の借金が増え続けています。

　毎年の国家予算は、所得税などの税収では到底まかなえず、４割近くを国債発行などの借金に頼っています。政府が目標にしている財政再建には程遠い状態です。

　日本の税収は、所得税、法人税、そして消費税が大きなウエイトを占める３本柱になっています。そのなかで消費税は導入されてから２７年が経ち、いまでは税収の３０％近くまで成長し所得税や法人税の税収を追い越しました。

　さらに来年度には消費税の税率が１０％に引き上げられますが、益税問題や節税のカラクリなどの消費税の問題については依然として残されたままで、あいかわらず消費者だけが消費税の負担増加に苦しめられることが続いていくことになっていきます。

　そこで本書は、消費税の課税の仕組みを大きく改善することによって消費者の負担を軽くさせ、消費税の将来像を考えるとともに財政再建の一助になればいいとの思いから執筆いたしました。企業経営者や経理担当者のみならず、サラリーマンや主婦などの消費者の方にも手にとっていただきたいと思います。

　そのため、実例や事例を数多くとりあげ、できるだけわかりやすい説明に努めました。

　なお、本書は著者の意見提案であり、法令等を否定するものではありません。

　基本的に、平成２７年１２月現在で執筆しました。

尾田寿昭

第 一 部

1．日本は借金大国

　日本の借金が１，０００兆円を超えたといわれています。国民一人当たりにすると８３３万円の負担になるそうです。実に日本の国内総生産ＧＤＰのおおよそ２倍の規模です。世界の国のなかでも飛びぬけた巨額で、気が遠くなるような金額になっています。

　財務省が発表している平成２７年度の一般会計予算をみますと、歳入という国の収入がおおよそ９６兆円です。この内訳は税金などの収入が５９兆円、国債の発行による収入が３７兆円で、国債による借金の割合が３８％にもなっています。

　一方、歳出という国の支出の内訳は、医療費、介護費用や年金支給などの社会保障費用がおおよそ３２兆円、地方自治体への交付金が１５兆円、その他の経費を加えた、いわゆるプライマリーバランス対象の合計金額が７３兆円です。さらに、国債の返済や利息支払いの国債費用が２３兆円で、歳出全体９６兆円の２４％の割合になっています。

　すなわち、国債の発行という国の借金が３７兆円増えて、借金の返済が２３兆円ということになります。なお、返済金額２３兆円のなかには利息支払い１０兆円が含まれていますので、借金は実質１３兆円しか減らないことになります。このようなことが続いたならば、国の借金はますます増えていくばかりです。

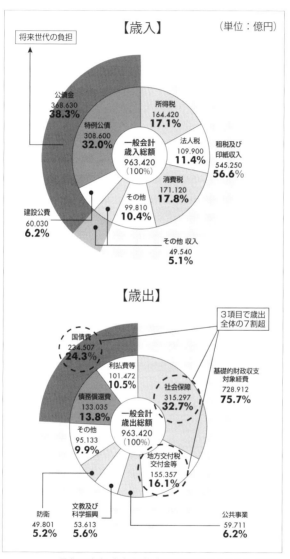

平成27年度一般会計予算（平成27年4月9日成立）の概要

2. 日本は破綻しないか

　政府は、プライマリーバランスをプラスマイナスゼロにして財政健全化を目指すといっています。すなわち、社会保障費、地方交付金、その他の経費の合計金額と、税金収入の金額を等しくすることで、借金に頼らない歳入と歳出にするということです。

　日本の道路交通網、公的施設などの公共インフラや国有金融資産など、日本の総資産は借金を上回るほど十分にあり、また、日本の経済力、技術力は世界的に高い評価を受けているので、国債が暴落して日本が破綻するようなことはあり得ないとも一部ではいわれています。

　しかしながら、国債の格付け評価が下がったり、とつぜん発生した経済事件によって、外国の投資家が国債をいっせいに売りに出すようなことになり、日本の金融機関も国債を持ちきれないようなことになった場合には大変なことになってしまいます。日本だけではなく世界中の経済が大混乱におちいってしまいます。ギリシアの二の舞になりかねないのです。

　日本の経済力、信用力などからみても、ただちに最悪の状況になるリスクは低いと思われますが、いずれにしても国の借金が増え続けるということは、子や孫の世代まで借金のつけを負担させることになるのです。

3. なぜ財政健全化できない

　高齢化は確実に進むでしょうから、医療費や介護費用などの社会保障の費用はますます増えていきます。赤字の地方自治体が多いなかで地方交付金を減らすことは簡単にはできません。その他の経費は公共事業、教育、防衛などの費用ですから、ほぼ固定的な経費で大幅な減額は見込めません。このように、歳出を減らすことは大変むずかしく、反対に、今後ますます増えていくばかりになりそうです。

　一方の税金収入を財務省のデータでみますと、平成27年度の税金別の収入は、所得税がおおよそ16兆円、法人税が11兆円、消費税が17兆円、その他の税金などで合計59兆円になっています。プライマリーバランスをプラスマイナスゼロにするには、歳出を減らすことができなければ税金収入を増やすしかありません。すなわち、増税するしかないということになります。

　所得税や法人税を増税するとした場合には、消費者や企業の経済活力が弱まってしまい、日本全体の経済そのものがダメになる可能性が大きくなるといわれています。一部の富裕層や黒字会社では、ケイマン、バハマや香港、シンガポールなどの税金がない、あるいは税金が安い国や地域、いわゆるタックスヘイブンに会社登記や資金を移して、日本の税金を逃れようとしています。また、製造業では生産コストが安い東南アジア諸国などへの進出を進めています。そうしますと国内の産業が空洞化して、企業の活力が弱まり法人税などの税収が落ち込んでしまうことになってしまいます。

政府は日本企業の国際的な競争力を高めるために、法人実効税率を２０％台まで引き下げようとしています。法人実効税率とは、法人税と法人住民税や法人事業税などを合わせた税率のことをいいます。
　このような状況では、所得税や法人税の増税をとうてい期待することはできません。

4. 消費税増税はできますか

　残ったのは消費税の増税問題です。平成29年4月には消費税の税率が10％に引き上げられます。さらに、財務省では将来の税率を、EU諸国の付加価値税並みの20％程度まで引き上げようとする計画があると聞いています。消費税は平成元年に税率3％で導入されて以来、平成9年に5％に、26年に8％に引き上げられてきました。増税のたびに消費者の買い控えなどの影響で景気が落ち込んだように記憶しています。

　消費者は10％や将来の20％の消費税に耐えられるでしょうか。政府は低所得者向けの対策として、食料品の軽減税率の導入を議論していますが、導入のハードルが高く、もし導入できたとしても軽減税率の複雑な仕組みのために、効果はあまり期待できないのではないかとも思われます。

　所得税や個人住民税と、健康保険料や国民年金、厚生年金などの掛金を合わせた、税金と社会保険料を合計した負担割合は、先進諸国のなかでもかなり高い水準になっているといわれています。これに10％以上の消費税負担が加われば、消費者の家計は相当苦しくなりそうです。このように、消費税の増税も簡単ではなく、かなり厳しい状況であると思われます。

5. 消費税は2％がいい

　医療費、介護費用などの、社会保障費用の歳出は今後も増え続けることは明らかで、一方の歳入は増税が厳しい状況のなかで期待できないとなれば、国債の発行に頼らざるを得ないことになります。

　プライマリーバランスをプラスマイナスゼロにすることは、とうてい実現不可能ということになりそうです。

　仮に経済成長が2％ならばプライマリーバランスが可能であるかのような、甘い前提の見通しを聞いたことがありますが、財政健全化について、現実的で具体的な対策や明確なスケジュールを示した政府からのアナウンスを聞いたことはありません。日本の将来はどうなるのでしょうか。

　そこで、財政健全化の対策として、歳入を増やすために消費税の税収を大幅に増やす方法を提案したいと思います。それは消費税を10％以上に引き上げるのではなく、反対に2％に引き下げます。そして消費税の課税の仕組みを抜本的に変えるのです。この具体的な内容について説明していきますが、その前に、理解を深めていただくために、消費税の課税の仕組みとさまざまな問題点をとりあげていきたいと思います。

第 二 部

１．消費税の益税はまだまだ存在する

　消費税の課税の仕組みと、さまざまな問題点を取りあげていきます。

　企業では、通常、商品の売上のときに、消費税を上乗せして売上代金を受け取ります。

　一方、商品の仕入れのときにも、消費税が上乗せされて仕入れ代金を支払います。

　消費税の課税の仕組みは、基本的には、企業が売上などで受け取った消費税から、仕入れなどで支払った消費税を差し引いて、その差額を納税するというものです。

　簡単な例で説明しますと、企業の売上が３，０００万円であったとしますと、消費税を８％の２４０万円受け取ることになります。一方、企業の仕入れが２，０００万円であったとしますと、消費税を８％の１６０万円支払っていたことになります。すなわち、売上の消費税２４０万円から、仕入れの消費税１６０万円を差し引いた差額の８０万円を納税するというのが、消費税の課税の基本的な仕組みになります。

　売上３，０００万円×８％－仕入れ２，０００万円×８％
　＝２４０万円－１６０万円＝８０万円

　ところが、企業が創業してから２年間は、基本的に消費税を納税する必要がないという制度があります。この企業のことを免税事業者といいます。つまり、差額８０万円の消費税を納税しなくてよいのです。２年間では単純に合計１６０万円の消費

税が納税されないことになります。

　このように、企業が消費者から受け取った消費税の一部が、国に納税されず企業のふところに残ったものが「益税」と呼ばれています。

　また、消費税の簡易課税制度を採用している企業では、仮に卸売業を営んでいるとして、先ほどと同じように売上が３，０００万円であったとしますと、消費税を２４万円だけ納税すればよいのです。なぜかといいますと、卸売業者が簡易課税制度を採用しますと、売上の消費税の１割相当、つまり２４０万円の１割の２４万円を納税すればよく、先ほどのように仕入れの消費税を差し引いた差額ではないのです。実際の仕入金額２，０００万円で計算した場合の消費税の納税は８０万円ですが、簡易課税制度を採用して計算した場合の納税は２４万円ですから、消費税の「益税」は年間で５６万円発生したことになります。

　売上３，０００万円×８％×１０％＝２４万円

　　８０万円－２４万円＝５６万円

　消費税の「益税」について代表的な例を２つ説明しましたが、これ以外にも消費税の課税の仕組みの問題から発生している「益税」が数多くあるのです。

2. 企業は消費税を負担していない

　企業の流通過程での取引において、消費税の課税の仕組みがどのようになっているか、すこし詳しく説明します。

　たとえば、洋服の生産と販売を取りあげますと、洋服生地の仕入、裁断、縫製という生産段階と、卸売や小売の販売段階が流通過程であるとします。

　簡単な例で説明しますと、洋服メーカーは生地を１，０００円で仕入れて出来上がった洋服を卸売業者に５，０００円で販売し、卸売業者は小売業者に７，０００円で販売、小売業者はさらに消費者に１０，０００円で販売するとします。

　洋服メーカーは１，０００円の生地仕入れのときの消費税を８０円上乗せされて支払っていますが、洋服を５，０００円で販売したときの消費税を４００円受け取っています。このメーカーは売上の消費税から仕入れの消費税を差し引いた差額３２０円の消費税を納税することになります。

　売上５，０００円×８％－仕入れ１，０００円×８％
　＝４００円－８０円＝３２０円

　つぎに、卸売業者は５，０００円の洋服仕入れのときの消費税を４００円上乗せされて支払っていますが、７，０００円で販売したときの消費税を５６０円受け取っています。この卸売業者は差額１６０円の消費税を納税することになります。

　売上７，０００円×８％－仕入れ５，０００円×８％
　＝５６０円－４００円＝１６０円

　そして、小売業者は同様に、７，０００円の洋服仕入れのときの消費税５６０円と、消費者に１０，０００円で販売したときの

消費税８００円との差額２４０円の消費税を納税することになります。

　売上１０，０００円×８％－仕入れ７，０００円×８％
　＝８００円－５６０円＝２４０円

　このような消費税の課税の仕組みのことを「前段階控除制度」といいます。すなわち、消費税の納税義務がある企業は、受け取った消費税から支払った消費税を差し引いた差額を納税すればよいわけであり、基本的に消費税を１円も負担していないということになります。

　先ほどの例では、メーカーの納税が３２０円、卸売業者が１６０円、小売業者が２４０円で、取引最初の生地生産者の売上１，０００円の消費税８０円も計算に含めますと、消費税合計が８００円となって、つまり消費者が最終的にすべての消費税８００円を負担しているということになるわけです。

　３２０円＋１６０円＋２４０円＋８０円＝８００円

　消費税が１０％に増税になっても、仮に２０％になったとしても、企業では消費税の負担が増えることはありません。大企業や経済団体が積極的に増税に反対しないのは、こういう理由からともいわれています。大企業などがおそれているのは、増税によって消費や需要が落ち込んで、企業の売上や利益が減少することではないかと思われます。

3．間違えやすい課税の範囲

　消費税では、企業が商品を販売するときに消費税を受け取る取引のことを「課税売上」といいます。一方、商品を仕入れるときに消費税を支払う取引のことを「課税仕入れ」といいます。消費税の課税の基本的な仕組みは、「課税売上」の消費税から「課税仕入れ」の消費税を差し引いた差額の消費税を、企業が納税するということです。

　では、「課税売上」とは、「課税仕入れ」とは、具体的にどのようなことをいうのでしょうか。

　「課税売上」とは、商品などの販売が対象になりますが、これだけではありません。レンタルやリースなどの賃貸、飲食や通信などのさまざまなサービスの提供も「課税売上」の対象になっています。すなわち、企業が行っている業務のうち、販売、賃貸、サービスの提供が「課税売上」の対象になっており、企業では通常、これを売上として計上することになります。

　ここで注意しなければならないことは、売上以外に、雑収入や営業外損益、特別利益、特別損失に計上されたものも「課税売上」の対象になるものがあります。特別利益のケースで説明しますと、例えば、不要となった社用車を売却した場合や、工場移転のため旧工場の建物、設備を売却した場合なども、売却利益ではなく、その売却金額そのものが「課税売上」の対象となるのです。特別損失のケースも同様に、その売却金額が「課税売上」の対象となります。

　また、反対に「課税仕入れ」とは、商品などの仕入れだけではなく、賃借り、サービスの受け取りも対象になります。さら

に、設備投資などの固定資産の購入なども「課税仕入れ」の対象になっています。

なぜこのように複雑になっているかといいますと、消費税の課税の範囲は、国内の企業が行う業務のうち、「資産の譲渡」、「資産の貸付け」及び「役務の提供」の取引3点セットを対象にしているからです。これが「課税売上」であり、この裏返しの取引が「課税仕入れ」となっているのです。

すなわち、課税の範囲は売上や仕入れだけではなく、旅費交通費や通信費などの販売管理費の経費科目、雑収入などの営業外損益科目、特別損益科目、さらに固定資産などの資産科目などに広がっています。課税の範囲が幅広く複雑な仕組みであるために、実際には消費税の計算で見落としや間違えが数多く発生しており、消費税の課税もれが多額になっていると聞いています。

ところで余談になりますが、消費税の課税対象を「課税売上」や「課税仕入れ」というように表現していますが、このネーミングが売上や仕入れだけという誤解を生じやすい原因のひとつになっているのではないでしょうか。「課税売上」を「課税収入」に、「課税仕入れ」を「課税支出」というように表現してみると、誤解や間違えが少なくなるのではないかと思われます。

4．付加価値税とはなにか

　消費税の課税の基本的な仕組みは、付加価値税の考え方を基本的なベースにしているといわれています。

　付加価値税とは、製造から卸売へ、小売へ、消費者へという各取引段階における付加価値に対して課税するという税金の一種です。主にヨーロッパＥＵ諸国で採用されていて、日本でも、平成元年に消費税として導入されました。

　それでは、付加価値とはそもそも何を指すのでしょうか。

　付加価値とは、一般的に、企業が生産などによって新たに産み出された価値である、とされています。すなわち、企業の収入金額から、収入に必要な外部から購入した商品やサービスなどの金額を差し引いた差額のことを指しているといわれています。

　付加価値の具体的な計算方法には、さまざまな方法があって統一した計算方法はありませんが、たとえば、法人事業税では、報酬給与額、純支払利子、純支払賃借料、単年度損益の合計額とされています。日銀や中小企業庁では、経常利益、人件費、賃借料、減価償却費、金融費用、租税公課の合計額が付加価値であると説明しているようです。

　消費税の課税の範囲と比べてみますと、付加価値の内容とまったく同じではありません。

　経常利益、人件費、減価償却費、金融費用や租税公課は、消費税の課税の範囲に含まれていませんが、賃借料は基本的に課税の範囲に含まれています。賃借料とはレンタルやリースなどの賃貸借の使用料のことで、消費税ではアパート家賃などの住

宅の貸付けや貸付金利息などを除いて、「資産の貸付け」を課税の対象にしています。

　また、減価償却費そのものは、付加価値の内容と消費税の課税の範囲は同じになっていますが、減価償却費とは、基本的に固定資産の購入金額を使用年数で割って、毎年の費用に計上するというものです。毎年の減価償却費の合計金額がその固定資産の購入金額に一致するという見方をすれば、固定資産の購入は消費税では「課税仕入れ」に当たり課税の対象となっていますので、付加価値の内容と違っているということができると思われます。

　したがって、消費税は付加価値そのものを課税の対象としたものではなく、消費税独自の課税の範囲を定めたものといえるのではないでしょうか。

5．課税、免税、非課税、不課税はどう違うのか

　消費税の課税の範囲を判定するときに、よく使われる重要な言葉に「課税」、「免税」、「非課税」、「不課税」という表現があります。課税される範囲は「課税」取引であって、「免税」取引、「非課税」取引や「不課税」取引は消費税が課税されません。

　課税されないのであれば面倒な区分をする必要はないではないか、と思われるかもしれませんが、実はこの区分はとても重要であって、消費税の計算を正確に行うためには、きちんと区分する必要があるのです。

　まず、消費税の「課税」取引ですが、これは国内で企業が対価を得て行う「資産の譲渡」、「資産の貸付け」、「役務の提供」の取引3点セットと、この裏返しの取引、すなわち、資産の譲り受け、資産の借り入れ、役務提供の受け取りのことをいいます。対価を得て行うとは、わかりやすくいえば、お金をもらえる取引のことで、タダで行う取引ではないという意味です。

　次に、「免税」取引ですが、「課税」取引のうち、特別に輸出については消費税を課税しないで免除するというもので、輸出免税といわれています。たとえば、日本の自動車メーカーが外国に国産車を輸出しようとする場合、自動車の販売ですから「資産の譲渡」に当たり基本的に消費税が課税になるのですが、外国の企業や消費者に日本の税金を負担させないという理由から、消費税を免除しているのです。

　また、免税ショップにおいて、外国人旅行者に家電製品や土産物を販売する場合、パスポートを確認して消費税を課税しないで販売することも輸出免税の一種です。これは中国人旅行者

の爆買いで有名になりました。

なお、消費税の「課税売上」が一定の金額以下である企業のことを免税事業者といい、消費税を納税しなくてもいいのですが、輸出免税とは全く意味が違いますので注意してください。

3つ目の「非課税」取引ですが、消費税では土地の販売のように一般に消費とはいわないものや消費になじまないもの、医療とか介護のように政策的に課税しないものを、非課税と定めています。

「非課税」取引の主なものをあげますと、①土地の販売や貸付け　②株式、国債などの有価証券の販売　③銀行預金利息や生命保険料　④郵便切手や商品券の販売　⑤国や地方自治体の行政手数料　⑥公的医療費　⑦公的介護費用　⑧出産費用　⑨埋葬費用　⑩障害者用品の販売や貸付け　⑪学校の授業料や入学金　⑫教科書の販売　⑬住宅の家賃の13項目が定められています。

そして4つ目の「不課税」取引ですが、これは国内での「資産の譲渡」、「資産の貸付け」、「役務の提供」の取引3点セットのいずれにも当たらない取引をいいます。たとえば、補助金、寄付金、貸付金などの一般的に対価性がないといわれている取引や、外国における取引には消費税が課税されません。

このように4つの区分は、それぞれの意味がまったく違っていて、区分を間違えると消費税の計算が正確にできなくなってしまいます。実際に、「課税」取引に当たるものを、間違って「免税」、「非課税」、「不課税」の取引にしているケースが数多く発生しており、多額の消費税の課税もれになっていると聞いています。

しかし、取引３点セットの裏返しの取引、すなわち、資産の譲り受け、資産の借り入れ、役務提供の受け取りのうち、「免税」、「非課税」、「不課税」の取引については、消費税が課税されないという意味では同じですので、区分を間違えたとしても消費税の計算には影響しませんから、あえて区分する必要がないといえるかもしれません。

　ところで余談になりますが、消費税の「課税」取引、「非課税」取引、「不課税」取引のどの区分に当たるかどうかを判定することを「課否判定」といいます。まれに「課非判定」と書かれている解説書が見受けられますが、正確には「課否判定」であると思われます。

6．輸出免税で消費税を還付してもらえる

　消費税の課税の基本的な仕組みは、「課税売上」の消費税から「課税仕入れ」の消費税を差し引いた差額を納税するというものですから、もし「課税売上」の消費税よりも「課税仕入れ」の消費税のほうが多い場合には、その差額はマイナスの納税、すなわち還付されるということになります。

　国内から外国に商品などを輸出した場合には、先ほどの説明のとおり輸出免税となって、消費税が課税されません。ところが輸出した企業では、その商品を生産したときや仕入れたときに消費税を支払っています。

　たとえば、輸出専門の企業がある商品を１億円で輸出するため、その商品を８，０００万円で仕入れて消費税を６４０万円支払ったとします。輸出免税を適用すると「課税売上」の消費税はゼロとなり、「課税仕入れ」の消費税６４０万円が還付されるということになります。

　売上１０，０００万円×０％－仕入れ８，０００万円×８％
　＝０円－６４０万円＝▲６４０万円

　また、一部の輸出専門の企業では、業界の競争がきびしいことなどから利益をほとんど上乗せできずに輸出しているところがあって、このような企業では輸出免税の消費税還付金で企業の運転資金がまかなわれているという現状があるようです。

　消費税の事業年度のことを課税期間といいますが、早期に還付金を受け取るために、基本的に１年間の課税期間を１ヵ月などの短期間に設定して、その課税期間ごとに仮決算を組んで消費税の還付申告を出している企業が数多くあります。ある大手

の事務機器メーカーの販売子会社では、この輸出免税の消費税還付金制度を利用して、毎月数十億円、年間で数百億円の消費税還付金を受け取っていると聞いています。

　ところで余談になりますが、輸出免税とは輸出したときの消費税を課税しないで免除することをいいますが、いい方を変えると、「課税売上」の消費税の税率をゼロ％にすることとまったく同じことです。すなわち「課税売上」の消費税がゼロになり、「課税仕入れ」の消費税８％分が還付されるということになります。この点があとで説明しますが、「非課税」取引の性格とまったく違うのです。

7．消費税の不正還付の事例

　東京都内のある輸出会社が国産の高級カメラを香港に輸出したとして、輸出免税を適用し、さらに課税期間を1ヵ月に短縮する特例を適用して、消費税の還付申告を税務署に毎月提出し、還付金を合計1億円近く受け取っていました。税務署ではその会社を税務調査して、税関の輸出申告書、インボイス、パッキングリストや、仕入先の請求書、領収書などを確認したうえで、書類上に問題がなかったため消費税の還付金を支払っていました。

　後日、税関が輸出品の抜き打ち検査をしたところ、その会社の輸出品は高級カメラではなく、まったく使えそうにない中古カメラや部品などのガラクタだったそうです。

　税関からそのような通報を受けた税務署ではさっそく再調査を行いました。ところが、社長は所在不明で行方がわからず、ほかの役員や従業員はそもそもいませんでした。税務署では反面調査という取引先に対する税務調査を行ったところ、高級カメラの仕入先としていたところは架空の会社や中国人留学生だったことがわかりましたが、留学生はすでに帰国していたり所在不明だったために、調査は行き詰まりました。また、輸出先の香港の会社はいわゆるペーパーカンパニーで、実在しないこともわかりました。

　結局のところ、輸出申告書、インボイスや領収書などは巧妙に偽造されたもので、高級カメラの仕入れや輸出はすべて架空取引であったわけです。消費税の輸出免税制度を使った悪質な還付金詐欺の事例が発生しました。

この事例と相前後して、ほかの税務署でも同じような還付金詐欺の事例が１０数件発生していたと聞いています。おそらく、このような悪質な詐欺の手口を指南した人物と、それを実行していた黒幕グループが存在していたのではないかと思われます。

　また、税務署のチェック体制にも問題があったのではないでしょうか。税務署では消費税の還付申告書が提出されたときには、書類審査や内部資料などのチェック、場合によっては税務調査を行って、問題がなければ還付金を支払うことになっています。そして、還付金の支払いが遅れると還付加算金という遅延利息を支払わなければならないことや、税務署内部で、たとえば「還付金の支払いを６週間以内に行いなさい」という業績目標というものがあるために、還付金の支払いを急ぎすぎて還付申告書のチェックが甘くなってしまいがちになることがあると聞いています。

　なによりも最大の原因は、税務署の仕事量が飛躍的に増加しているにもかかわらず、担当者の人数が減らされていることや仕事の効率性が低下していることと、消費税の課税の仕組みに大きな問題があるのではないかと思われます。

8. 非課税は企業にとって重荷になっている

「非課税」取引とは、基本的には対価性があり消費税が課税対象となる取引のうち、消費になじまないものや政策的に課税しないものを１３項目取り上げて、消費税を課税しないことにしたものです。

消費税の課税の基本的な仕組みは、「課税売上」の消費税から「課税仕入れ」の消費税を差し引いた差額を納税するものです。ここで、とても重要な仕組みの一つですが、「非課税」の売上や収入のためにかかった「課税仕入れ」の消費税は基本的に差し引くことができないという制度になっています。

ところが、企業の売上や収入が「非課税」取引であっても、その仕入れや経費の支出は「課税仕入れ」に当たるものがほとんどですので、実際には消費税を支払っているわけです。すなわち、「非課税売上」のためにかかった「課税仕入れ」の消費税は、実際に支払った消費税であっても基本的に差し引くことができないということです。

先ほど説明しました輸出免税では、輸出売上のためにかかった「課税仕入れ」の消費税は基本的に全額差し引くことができますが、「非課税」取引の場合には全額、ケースによって一部分の消費税は差し引くことができないという点が、大きな違いとなっています。

「非課税」取引について具体的に説明しますと、たとえば、宅地開発の不動産業者が土地を１億円で分譲し、その造成工事費用と宣伝費や販売促進費として２,０００万円と消費税１６０万円を支払ったとします。土地の販売は「非課税」取引

に当たりますので、この企業の売上はこの土地の販売だけとしますと１００％非課税売上ですから、支払った消費税１６０万円は全額差し引くことができないことになります。すなわち、この企業の利益が消費税分だけ減少したことになるわけです。

　非課税売上１０，０００万円

　課税仕入れ２，０００万円×８％＝１６０万円

　アパートやマンションの経営者の場合は、入居者全員が居住用の契約であれば、家賃収入は「非課税」取引に当たりますので、収入は１００％非課税売上になります。しかし、修繕費用や維持管理費用などは「課税仕入れ」に当たりますので消費税を支払っていますが、収入が１００％非課税売上のため、支払った消費税は全額差し引くことができません。すなわち、アパートなどの経営者の利益も消費税分だけ減少したことになるわけです。

　また、医療法人や開業医では、収入のほとんどが社会保険診療報酬ですから「非課税」取引になります。たとえば、消費税課税事業者である開業医の年間収入が１億円で、そのうち「非課税」取引である社会保険診療報酬が９，０００万円、「課税」取引である自由診療収入が１，０００万円とします。医薬品の仕入れや消耗品の購入費用５，０００万円のすべてが「課税仕入れ」で、消費税を４００万円支払っていたとします。収入のうち「非課税」取引の割合が９０％ですので、医薬品や消耗品の「課税仕入れ」の消費税４００万円のうち、９０％に当たる３６０万円が差し引くことができないことになります。すなわち、この開業医の利益も消費税分だけ減少したことになるわけです。

非課税売上９，０００万円＋課税売上１，０００万円
＝１０，０００万円
非課税売上９，０００万円÷１０，０００万円＝９０％
課税仕入れ５，０００万円×８％＝４００万円
課税仕入れの消費税４００万円×９０％＝３６０万円

　なお、この計算方法は一括比例配分方式という方法で計算していますが、もう一つの個別対応方式という方法で計算すると、差し引くことができない消費税の金額は変わってきます。とても複雑でわかりにくい方法ですので、のちほど別のところで詳しく説明します。

　医療法人や開業医にとって最も重荷になっているものは、高額の医療機器や検査器具の購入費用です。医療機器などの購入は「課税」取引ですので消費税が課税されているのですが、そのほとんどを差し引くことができません。病棟の新築、増改築費用も同様に、消費税のほとんどを差し引くことができません。医療の現場でも消費税が大きな問題となっているといわれています。

　このように、企業にとって「非課税」の制度は決していいものではないのです。

　ところで余談になりますが、もし仮に「非課税」取引の仕組みを変えて、ゼロ税率である「免税」取引の仕組みを採用するとしたならば、支払った消費税を基本的に全額差し引くことができますので、還付金を受け取ることができるようになるかもしれません。

９．非課税は消費者のためになっていない

　消費者にとって「非課税」取引の仕組みは、どのような影響を与えているのでしょうか。

　ほとんどの方は、「非課税」は消費税が課税されていないのだから消費者にとっていいことだ、消費者を優遇している制度である、と思われているようです。たしかに表向きには消費税を支払わなくていいのだから、そのように思われるのは自然なのですが、実は「非課税」は必ずしも消費者のためになっていないのです。

　先ほどの宅地開発の不動産業者の例で説明しますと、差し引くことができなかった造成工事費用や販売促進費などの消費税１６０万円は、土地の販売原価に上乗せされて、土地の販売価格がその分高く設定されてしまうのです。企業ではこのようにして利益を確保しますので、結局のところ消費者は、「非課税」であっても実質的には消費税を負担していることと同じことになるわけです。

　また、アパートなどの経営者は、差し引くことができない修繕費用や維持管理費用などの消費税をカバーするために、礼金や権利金を高めに設定したり、契約更新時に家賃を値上げしたりしますので、これも消費者が実質的に消費税を負担していることと同じことになるわけです。

　医療法人や開業医の例では、政府が公的診療報酬の価格を２年ごとに改定していますが、その際に差し引くことができない消費税を部分的に取り込んで、改定価格を決めていると聞いています。これも消費者が実質的に消費税を負担していることと

同じことです。医療費の患者負担部分は基本的に1割から3割となっていますので、残りの部分は税金や保険料でまかなわれていることになるのですが、差し引くことができない消費税も含まれているため、税金の負担を税金でまかなうという、おかしな仕組みになっているのではないでしょうか。

このように、「非課税」取引のために差し引くことができない消費税は、売上原価などに上乗せされ販売されているので、消費者が実質的に消費税を負担していることになり、「非課税」の制度は消費者のためになっていないといえるのです。このようなことは「非課税」取引13項目のあらゆる場面で発生しているのではないかと思われます。

１０．非課税売上でも消費税を差し引いていいですか

　繰り返しますが、消費税の課税の基本的な仕組みは、「課税売上」の消費税から「課税仕入れ」の消費税を差し引いた差額を納税するものですが、企業の売上や収入が「非課税」取引のときは、それにかかった「課税仕入れ」の消費税は基本的に差し引くことができないという仕組みになっています。

　すなわち、「非課税売上」のためにかかった「課税仕入れ」の消費税は、実際に支払った消費税であっても基本的に差し引きできないということです。

　企業の取引はさまざまであり、売上や収入には「課税売上」や「非課税売上」があります。消費税では、輸出免税の売上を含めた「課税売上」の割合が９５％以上であれば、「課税仕入れ」の消費税を全額差し引くことができるとしています。

　すなわち、「非課税売上」の割合が５％未満であれば、「非課税売上」のためにかかった「課税仕入れ」の消費税であっても「課税仕入れ」の消費税を全額差し引いてかまわないということです。

　たとえば、ある企業の本業の「課税売上」が９，５００万円で、兼業で居住用マンションの家賃収入が５００万円であったとして、「課税仕入れ」がマンションの維持管理費用２００万円を含めて合計金額が８，０００万円であったとします。「課税売上」９，５００万円の消費税は７６０万円、居住用マンションの家賃収入は「非課税売上」ですから消費税はありません。「課税売上」と「非課税売上」の合計１億円のうち、「課税売上」の割合は９５％です。「課税仕入れ」の消費税は、マンションの維

持管理費用２００万円を含めた合計金額８，０００万円の８％で６４０万円になります。

したがって、「課税売上」の割合が９５％以上ですから、「課税売上」の消費税７６０万円から「課税仕入れ」の消費税の全額６４０万円を差し引いた差額１２０万円を納税することになります。

　課税売上９，５００万円＋非課税売上５００万円
　＝１０，０００万円
　課税売上９，５００万円÷１０，０００万円＝９５％
　課税売上９，５００万円×８％＝７６０万円
　課税仕入れ８，０００万円×８％＝６４０万円
　７６０万円－６４０万円＝１２０万円

すなわち、「非課税売上」にかかったマンションの維持管理費用のような「課税仕入れ」の消費税であっても、例外として差し引きすることができるのです。

この制度は９５％ルールとよばれていて、「課税売上」の金額が５億円以下の企業が採用することができます。中小企業にとっては、消費税の納税額が少なくなる優遇制度になっているのです。

「課税売上」の割合が９５％未満であるときは、「非課税売上」のためにかかった「課税仕入れ」の消費税は、基本どおりの取り扱いになって差し引くことができません。この計算方法は一括比例配分方式や個別対応方式という方法で計算されます。

ところで余談になりますが、「課税売上」の割合が９５％以上のときの「課税仕入れ」の消費税を全額差し引きできるという制度は、消費税の基本的な仕組みからみますと、例外的な取

り扱いになるといえます。一部の専門家や解説書のなかには「課税売上」の割合が９５％以上の場合が原則であり、「課税売上」の割合が９５％未満の場合が例外であるような正反対の解説をしているものがありますので、混乱しないよう注意しなくてはなりません。

11．マンションオーナーの自販機商法

居住用賃貸マンションの家賃収入は「非課税売上」ですので、消費税が課税されません。一方、マンションの建築費は「課税仕入れ」ですので、消費税が課税されています。そして、「非課税売上」のためにかかった「課税仕入れ」の消費税は差し引くことができません。

すなわち、マンションオーナーの収入が居住用マンションの家賃収入だけであれば、「課税売上」がまったくありませんので、マンション建築費の消費税を差し引くことができないことになります。規模が大きいマンションならば消費税の負担額も相当多くなり、家賃や権利金などに上乗せすることにも限界がありそうです。

ところが、もし家賃収入以外に「課税売上」があったならばどうなるでしょうか。たとえば、賃貸マンションの建築費が１億円で、マンション敷地に缶コーヒーなどの自動販売機を設置し、その売上が１００万円であったとします。

マンションの完成引き渡しが今年であって、入居者から家賃収入が入るのが翌年以降になるとすると、今年の収入は自動販売機による「課税売上」１００万円だけになり、「非課税売上」はありません。

一方、マンションの完成引き渡しを受けたのが今年ですから、建築費は今年の「課税仕入れ」になります。今年の「課税売上」の割合が１００％ですから、９５％ルールを採用するとマンション建築費１億円の消費税８００万円を全額差し引くことができることになります。

したがって、「課税売上」１００万円の消費税８万円から「課税仕入れ」の消費税８００万円を差し引いた差額７９２万円が還付されて、建築費の消費税のほとんどを取り戻せることができることになるのです。ただし、あらかじめ消費税の課税事業者になっておくための手続きを税務署にしておく必要があります。

　課税売上１００万円×８％－課税仕入れ１０,０００万円
×８％＝８万円－８００万円＝▲７９２万円

　今から２０年ほど前の話になりますが、関西の大手建設会社などがマンションオーナーを募集し、このような節税策を指南して多額の消費税を取り戻す事案がありました。関東地域でも多数発生していたと聞いています。

　税務署の担当者の一部からは、このような節税策の見直し意見があがっていましたが、なかなか改善されませんでした。ところが、会計検査院がこの問題点を指摘して改善を求めたところ、間もなく見直しがされて、完全ではないのですが節税策に歯止めがかかるようになりました。

　街なかのマンション敷地に自動販売機をよく見かけるのですが、当時の名残りでしょうか。

１２．インボイス方式とアカウント方式

ヨーロッパＥＵ諸国で採用している付加価値税では、企業間で取引を行うときに、取引内容、税率、税額などを記載したインボイスとよばれる書類をやり取りすることになっています。このインボイスをもとにして付加価値税の計算や申告を行うことをインボイス方式といいます。

しかし、日本の消費税ではインボイス方式を採用していません。日本の企業間で取引を行うときには、一部にはインボイスと同じように消費税の税率や税額を記載した請求書などをやり取りしていますが、すべての取引でやり取りしているわけではありません。

消費税の計算や申告のもとになっているのは、基本的に会計帳簿です。すなわち、消費税では、売上や収入、仕入れや経費の支払いなどを会計帳簿に記載し、決算を組んでから、「課税売上」と「課税仕入れ」に当たる取引をひろいあげて、計算や申告を行っているのです。この方法のことを、いわゆるアカウント方式とよんでいます。

企業間の取引にはさまざまな取引があります。入会金、会費や組合費、解約料などは、消費税の「課税」取引に当たるか、当たらないのか、あいまいなグレーゾーンになっています。

どちらになるかの判断の目安は一応あるのですが、実際には各企業が独自の判断で、「課税」取引に当たるかどうかを決めているようだと聞いています。アカウント方式の大きな欠点であると思われます。

また、企業の取引先のなかには、「課税売上」が一定の金額

以下のため、消費税を納税する必要がない免税事業者という企業があります。この免税事業者からの仕入れや経費の支払いも、会計帳簿と請求書などがあれば消費税を支払ったものとみなして「課税仕入れ」にすることができるのです。消費者からの買い取りなども、免税事業者と同じように、消費税を支払ったものとみなして「課税仕入れ」にすることができるのです。これはインボイス方式ではあり得ないことだと思われます。

消費税には、「課税仕入れ」とするためには、会計帳簿と請求書などの書類を、一定の期間保存していなければならないという規定があります。すなわち、会計帳簿と請求書などがなければ、基本的に「課税仕入れ」が認められないという制度です。

ところで、所得税や法人税には推計課税という取り扱いがあります。これは企業が会計帳簿や請求書などを全部または一部保存していなかったときに、税務調査で売上、仕入れなどを推定して税金を課税することができるというものです。消費税では、「課税売上」には推計課税ができると思われますが、「課税仕入れ」には推計するということができません。

消費税の課税の基本的な仕組みは、「課税売上」の消費税から「課税仕入れ」の消費税を差し引いた差額を納税することですから、もし会計帳簿と請求書などの保存がなく、「課税仕入れ」が認められないとしたならば、納税者にとって非常に厳しいことになります。この規定はアカウント方式の欠陥をおぎない、消費税をインボイス方式にできるだけ近づけておきたい、というねらいがあるのかもしれません。

実際のところ、税務署がこの規定を適用して消費税を追徴したという事例は、あまり聞いたことがありません。悪質な不正

経理でなければ、伝家の宝刀をなかなか抜きにくいのかもしれませんが、消費税の規定がある以上、積極的に適正公平な課税につとめてもらいたいものだと思います。

１３．消費税を納税する必要がない企業

　消費税には、小規模な企業を優遇するなどのため、基本的に「課税売上」の金額が一定の金額以下である場合には、消費税を納税する必要がないという制度があります。この制度の適用を受ける企業を、免税事業者とよびます。

　「課税売上」の一定の金額の基準は年間１，０００万円となっています。そして、この金額を判定する基準となる時期は、２年前となっています。すなわち、個人事業者の場合では、２年前の「課税売上」の金額が１，０００万円以下であったならば、その年は免税事業者となります。同様に会社では、２事業年度前の「課税売上」の金額で判定します。

　たとえば、ある企業が開業して１年目の「課税売上」が１，１００万円、２年目が１，２００万円だったとします。「課税売上」が１，０００万円を超えていますが、判定する基準になる時期はそれぞれの２年前ですから、開業前の「課税売上」はありませんので１，０００万円以下ということになります。したがって、開業１年目と２年目は免税事業者になります。すなわち、２年前の「課税売上」の金額が１，０００万円以下のときは、基本的に免税事業者となって消費税を納税する必要がないのです。このような制度が「益税」を発生させる大きな原因のひとつとなっています。

　なぜ、このような制度を取り入れたかといいますと、１，０００万円の基準は、小規模な企業の消費税の計算と納税の負担をなくするためと、税務署の徴税コストを削減するためであり、２年間のタイムラグを設けたのは、企業が課税事業者になるかどう

かの判定をするためには、あらかじめ「課税売上」の金額がいくらだったかを知っていなければならないので、判定する時期と課税する時期を2年ずらしたのだと説明されています。

しかし、消費者が支払った消費税が、小規模な企業を優遇するためや税務署の都合で、国に納税されず企業のふところに貯めこまれるような制度には問題があります。たとえ1円でも消費者が負担した消費税は、きちんと納税されるような制度にするべきであると思われます。

また、2年間のタイムラグを設けることは、企業や税務署にとっては都合がいいことかもしれませんが、インボイス方式を採用していない消費税ではほとんど意味をもたない制度であると思われます。課税する年度の決算を組んで「課税売上」の金額がわかってから、1,000万円以下であるかどうかを判定し、判定する時期と課税する時期を一致させることが実態にマッチしているし、なによりも消費税の「益税」問題の解消につながることになると思われます。

なお、2年前の「課税売上」の金額が1,000万円以下であっても、前年の上期6カ月間の「課税売上」の金額か、給与の支払金額が1,000万円を超えていれば免税事業者になれないという特例や、会社の資本金が1,000万円以上の場合は、設立第1期と第2期の2事業年度は免税事業者になれないという特例などがありますが、小規模な企業が圧倒的に多く、開業当初は赤字企業がほとんどという現状では、このような特例があっても「益税」解消の効果はあまり期待できないのではないかと思われます。

１４．簡易課税は必要でしょうか

　消費税の課税の基本的な仕組みは、「課税売上」の消費税から「課税仕入れ」の消費税を差し引いた差額を納税するものです。

　これに対して、簡易課税というのは、「課税仕入れ」の金額を業種ごとの平均的な付加価値の割合などを参考にして、一定の金額を「課税仕入れ」の金額に置きかえて概算で計算する制度です。すなわち、「課税仕入れ」の金額を、実際の仕入れ金額や経費の金額ではなく、「課税売上」の金額に一定の割合を掛けて計算した金額とみなします。

　つまり、簡易課税は、「課税売上」の消費税から、「課税売上」に一定割合を掛けた概算金額の消費税を差し引いた差額を納税するという制度です。「課税売上」の金額がわかっていればよく、「課税仕入れ」の金額は計算しなくてもいいということです。

　一定の割合とは業種ごとに次のように定められており、これを「みなし仕入率」といいます。卸売業は９０％、小売業は８０％、製造業や建設業などは７０％、飲食店業などは６０％、金融業、サービス業などは５０％、不動産業は４０％というように、１０％ごとのきざみ方でかなり大ざっぱな定め方がされています。

　たとえば、洋服小売店の年間売上が３，０００万円とすれば、「課税売上」の消費税は２４０万円、「課税仕入れ」の金額は、「課税売上」に小売業のみなし仕入率８０％を掛けて２，４００万円にみなされて、その消費税は１９２万円となります。すなわち、「課税売上」の消費税２４０万円から「課税仕入れ」の消

費税192万円を差し引いた差額48万円を納税すればよいことになります。

　仮に、この小売店の実際の仕入れ金額や経費の金額が2,000万円であったとしたならば、基本的な仕組みで計算すると、実際に支払った「課税仕入れ」の消費税は160万円ですから、「課税売上」の消費税240万円から差し引いた差額80万円を納税することになります。簡易課税を採用した場合の納税額48万円と比較すると、ここでも「益税」が発生していることになります。

　課税売上3,000万円×8%－課税売上3,000万円×80%×8%＝240万円－192万円＝48万円

　課税売上3,000万円×8%－課税仕入れ2,000万円×8%＝240万円－160万円＝80万円

　このように、付加価値が高い企業にとっては、簡易課税は大きなメリットになっているのです。しかし、すべての企業が恩恵を受けられるわけではなく、たとえば、赤字企業や輸出企業、多額の設備投資をした企業のケースでは、簡易課税は基本的に消費税が還付されることはありませんので、デメリットとなってしまいます。

　景気の変化や企業業績の変動を予想するのは非常にむずかしい時代ですので、簡易課税がメリットになるかデメリットになるか、その判断のリスクが大きい制度といえます。

　簡易課税を採用するかどうかは選択制になっていて、選択するときにはあらかじめ届出書を税務署に提出しておく必要があります。そして、採用後、最低2年間は選択の変更ができません。採用できる企業は、2年前の「課税売上」の金額が5,000万

円以下の場合に限られています。

　簡易課税制度の目的は、小規模な企業の消費税計算などの事務負担を軽くすることであると説明されていますが、ほとんどの企業では、簡易課税で計算した納税額と基本的な仕組みで計算した納税額の両方を比較しているのが実情のようです。事務負担の軽減という目的は意味を持たなくなっていて、節税の意味合いのほうが強いのではないかと思われます。

　公益法人などでは収入のほとんどを交付金や補助金などの「不課税」収入によって運営されています。消費税では、この収入のことを「特定収入」と呼んでいますが、収入全体に占める「特定収入」の割合が一定以上のケースでは、「課税仕入れ」の消費税計算が、税務署の職員でもわからないほどのとても複雑で難解な内容となっていますので、間違いが数多く発生しているようです。事務負担の軽減という本来の意味では、公益法人が簡易課税を採用するメリットがあるといえるかもしれません。

　いずれにしましても、消費者が支払った消費税が国に納税されず、企業のふところに貯めこまれるような制度には問題があります。たとえ１円でも消費者が負担した消費税は、きちんと納税されるような制度に変えるべきであると思われます。

１５．消費税の二重課税問題

　お酒のメーカーでは、日本酒やビールなどを生産して出荷すると、酒税という税金が課税されています。たとえば、缶ビール３５０ミリリットル１本当たりの酒税の税金は７７円です。ビールメーカーではお酒の販売店などに出荷するときに、酒税７７円を含んだ金額を販売価格として、さらにこの販売価格に消費税を上乗せした金額を税込み価格として販売しています。すなわち、ひとつの商品について酒税と消費税のふたつの税金が課税され、酒税という税金そのものについても消費税が課税されていることになります。財務省では酒税などのいわゆる個別消費税は、生産者にとって原材料などと同様に製造コストを構成するものであり税金そのものではない、というような説明をしています。

　ところが、消費者にとっては、缶ビール３５０ミリリットル１本を２２０円で購入すると、酒税７７円、消費税おおよそ１６．３円の合計９３．３円を負担しています。しかも消費税には酒税そのものの消費税が６円ほど含まれているのです。

　ガソリン税についても同じようなことがいえます。石油会社がガソリンを出荷すると揮発油税と地方揮発油税という、いわゆるガソリン税が課税されています。そして租税特別措置法という法律で、ガソリン１リットル当たりの税金は５３．８円と定められています。

　石油会社ではガソリンスタンドなどに出荷するときに、ガソリン税５３．８円を含んだ金額を販売価格として、さらにこの販売価格に消費税を上乗せした金額を税込み価格として販売し

ています。たとえば、ガソリンスタンドで１リットル当たり１１０円で給油すると、ガソリン税５３．８円、消費税おおよそ８．２円の合計６２円を負担しています。もちろんガソリン税そのものの消費税が含まれています。

　また、たばこ税についても同じようなことがいえますが、やや複雑になります。たばこ製造者や卸売販売業者などがたばこを出荷や販売すると、たばこ税、たばこ特別税、都道府県たばこ税、市区町村たばこ税という４つの税金が課税されています。２０本入りの１箱当たりの税金は４つの税金を合わせておおよそ２４４．９円と定められています。たばこ小売店で１箱４２０円で購入すると、たばこ税などを合わせて２４４．９円、消費税がおおよそ３１．１円の合計２７６円を負担していて、たばこ税などそのものの消費税も含まれています。

　このように、酒税などの個別消費税はかなり高い税率で課税されていて、そのうえ消費税も二重に課税されているのです。さらに、個別消費税そのものに対しても消費税が上乗せで課税されています。これはいわゆるタックス・オン・タックスと呼ばれていて、税金に税金を課税するというような意味でしょうか。

　もし、インボイス方式を採用できるとしたなら、インボイスに消費税の税額と個別消費税の税額を記入することによって、二重課税やタックス・オン・タックスという問題は解決できるのではないかと思われます。

16．給与は「課税仕入れ」にできるか

　企業が役員や従業員に給与を支払った場合、消費税では「課税仕入れ」とはなりません。付加価値税の考え方からみても、人件費は付加価値の一部ですから「課税仕入れ」に当たらないことになります。

　そして消費税では、サービスの提供のうち給与支払いについては「課税仕入れ」から除くという当然のことを、あえて定めているのです。これは、企業が消費者から「課税仕入れ」を行った場合にも、「課税売上」の消費税から差し引くことができることを認めていますので、サラリーマンなどの消費者が行うサービスの提供、つまり給与支払いを「課税仕入れ」から除いておかなければ都合が悪くなってしまうからです。すなわち、消費者に最終的にすべての消費税を負担させるためであるといわれています。

　消費税の課税の基本的な仕組みは、「課税売上」の消費税から「課税仕入れ」の消費税を差し引いた差額を納税することですから、「課税仕入れ」にならない人件費のウエイトが大きい企業では、消費税の納税負担が多くなっています。これは企業の正社員化をはばむ大きな原因のひとつになっているともいわれています。

　もし、企業が正社員の採用をやめて、人材派遣会社から人を受け入れて業務をやってもらったとした場合、派遣会社に支払う業務委託料は給与ではないので「課税仕入れ」になって、消費税の納税負担を減らすことができます。なかには、架空の人材派遣会社をつくり自社従業員を契約上所属させて、給与の支払いを業務委託料の支払いに付け替え、消費税を脱税していた

という事例があったとも聞いています。

　また、従業員それぞれと個別に業務委託契約をむすんで、いわゆる社内外注制度のような形式をつくり、給与ではなく報酬という名目で支払いを行っているケースがあります。実際には給与を支払っていることと同じことですが、外注先の個人事業者に対して報酬を支払っていることにして、「課税仕入れ」にすることで消費税の納税負担を少なくしています。

　国税庁が出している通達では、給与か報酬かの判定の目安が定められていますが、実際にはいわゆるグレーゾーンになっていて、税務調査で給与か報酬かをめぐってトラブルになったり、課税もれになっている事例が数多くあると聞いています。

　ところで余談になりますが、消費税の税率が５％から８％に増税になったときに、政府はサラリーマンの給与も上げるよう経済界に要請しましたが、実際には１〜２％の賃上げにとどまってしまったところが多いように聞いています。これでは３％の増税に追いついておらず、実質的にマイナスになってしまうわけです。もし、人件費についても「課税」取引であるとしたならば、消費税率が上がったとしても給与も自動的に税率分が上がることになり、サラリーマンだけが犠牲になることはありません。しかも、給与を支払う企業にとっても「課税仕入れ」ができることになります。

　そして、サラリーマンのサービス提供を課税事業者の範囲から除いてやることで、消費税の納税義務者としないことにするか、あるいは、給与収入金額が一定以下のサラリーマンを免税事業者とすることで、給与のグレーゾーン問題や賃上げ問題がいっきょに解決できるのではないかと思われます。

１７．不明朗な接待交際費

　企業が得意先を招待して料理屋で飲食をしたり、ゴルフ場でプレーしたときや、冠婚葬祭のお祝い金、香典などを得意先に支払ったときの費用は、基本的に接待交際費になります。

　消費税では、飲食費、ゴルフのプレー代やお歳暮などの費用は「課税仕入れ」になりますが、お祝い金や香典など現金で支払ったものは「課税仕入れ」とはなりません。

　お祝い金や香典などは、商品などの販売やサービスの提供と違って、反対給付として対価を得る取引ではないと説明されています。とてもむずかしい表現をしていますが、すなわち、お金を支払うけれども見返りのものを求めない一方的な取引であって、しかも、お金を支払う人がその金額を比較的自由に決めることができるような取引のことをいっているのではないかと思われます。

　寄付金や補助金などの支払いも同じですが、いわゆる「対価性がない」取引であるとされていて、消費税では「不課税」取引に当たります。このように、接待交際費は「課税」取引と「不課税」取引の両方があって、実際の問題としてあいまいなグレーゾーンが多くなっているのです。

　ところで、消費税だけの問題ではなく所得税や法人税の問題でもあるのですが、たとえば、経営者が自分の家族と寿司屋などで飲食をした費用や、社長の奥さんが買った高級ブランドのバッグなどの費用は、必要経費や会社の経費になりませんが、お店に頼んで領収書を書き換えてもらい、必要経費や会社の経費にもぐり込ませるという不正経理が行われていることがある

ようです。いわゆる、個人的費用のつけ込みとよばれており、消費税の脱税にもつながっています。

　領収書の偽造が巧妙な手口であったり、会社名義のクレジットカードを使用していたりした場合などは、税務調査でもなかなかつかめず見逃しているケースが数多くあるのではないかと思われます。調査官の調査能力の差があるということがあるかもしれませんが、調査日数が限られていて十分な調査ができなかったことも大きな原因であると聞いています。

　国税庁では毎年の税務調査の結果を公表していますが、たとえば、法人税の調査結果を見ますと、全国の会社おおよそ３００万社に対して、実地調査という税務調査を行った会社数の割合は、ここ数年のデータではおおよそ３％になっています。すなわち、単純に計算すると１社当たり３３年に一回のサイクルで税務調査が行われたということになります。なかには、毎年税務調査があった会社や、これまで一度も調査がなかったという例外もあります。

　このように、接待交際費の経理内容が正しく行われているかどうかのチェックは、ほんのわずかな企業にしか行われていないということになります。接待交際費に限らず、所得税、法人税そして消費税の課税逃れや課税もれが数多く見逃されているという結果になっています。税務調査のマンパワーと効率性を高めて、適正公平な課税とより多くの税収の確保につとめてもらいたいものです。

　余談になりますが、ある会社の社長Ａさんが得意先の担当者と寿司屋で会食をして飲食代を支払いました。別の日にプライベートで家族と寿司屋で飲食をして飲食代を支払いました。得

意先との飲食代は基本的に会社の経費になり「課税仕入れ」になりますが、プライベートでの飲食代は「課税仕入れ」になりません。

　ここで、人が飲食をするという消費行動そのものに注目してみますと、得意先との飲食もプライベートでの飲食も、飲食という行動自体は何ら変わるところがなくまったく同じことを行っているのです。ただ相手や目的などが違っているに過ぎないのです。もし、得意先との飲食代を「課税仕入れ」としなければ、すなわち、企業にも消費税を負担してもらうとすれば、消費行動と消費税の負担が一致することになって、消費税の「課税仕入れ」をめぐるさまざまな問題点がいっきょに解決できるのではないかと思われます。

１８．不明朗な旅費交通費

　会社の業務で出張したときの交通費やホテル宿泊代などは、旅費交通費として基本的に会社の経費になって、国内出張の場合には消費税の「課税仕入れ」になります。ただし、「課税仕入れ」になるのは、出張に通常必要な部分という制限があります。

　通勤手当の場合は、所得税で非課税の限度を超過する部分は給与所得課税になりますが、消費税では、通勤に通常必要な部分であれば、非課税の限度を超過する部分やグリーン料金でも「課税仕入れ」に当たります。通勤手当や出張手当などを現金で支給して実費精算しない場合でも、通常必要な部分であれば「課税仕入れ」にすることができます。

　出張や通勤に通常必要な部分とは、具体的なものさしがなく常識の範囲で判定するということでしょうが、実際には会社や社員の事情によってまちまちであって、一概には区別できないグレーゾーンになっているようです。

　たとえば、社長が家族旅行に行った費用やプライベートな旅行費用は会社の経費になりませんが、旅行代理店に頼んで旅行スケジュールや請求書を業務視察旅行という名目に偽造してもらって、会社の経費にもぐり込ませるという不正経理が行われていることもあるようです。これは、接待交際費と同じように個人的費用のつけ込みとよばれており、消費税の脱税にもつながっています。

　また、人が旅行をするという消費行動そのものに注目してみますと、出張での旅行もプライベートでの旅行も、変わるところがなくまったく同じことを行っているのです。ただ旅行先や

目的などが違っているに過ぎないのです。もし、国内出張の交通費や宿泊代を「課税仕入れ」としなければ、すなわち、接待交際費と同じように企業にも消費税を負担してもらうとすれば、消費行動と消費税の負担が一致することになって、消費税の「課税仕入れ」をめぐるさまざまな問題点が解消できるのではないかと思われます。

　このようなことは、社内の慰安旅行や社員忘年会などの福利厚生費についても、接待交際費や旅費交通費とまったく同じことがいえます。

１９．不明朗な会費、組合費

　企業がその業界のとりまとめをする団体などに加入することがあります。なかには、業界団体に加入することが義務付けられている業界もあります。また、地域によって、商工会議所や商店街組合などに加入することもあります。このような団体に支払う会費や組合費は、基本的に企業の経費になるのですが、消費税では「課税仕入れ」になる場合と、ならない場合の両方があるのです。

　たとえば、通常会費などのように、その団体の運営費用をまかなう目的のものは「不課税」取引となって「課税仕入れ」になりません。団体が主催する特別キャンペーンなどの広告宣伝や販売促進をおこなう目的で集める特別会費とか、賀詞交歓会などに参加するときに支払う会費は、基本的に「課税」取引であり「課税仕入れ」になると説明されています。すなわち、「課税仕入れ」になるかどうかは、支払う会費に「対価性がある」か「対価性がない」かが、判定の基準になっているといわれています。とてもわかりにくいのですが、実際にも会費や組合費が「課税仕入れ」になるかどうか、あいまいなグレーゾーンになっているケースが多いといわれています。

　業界団体にはさまざまなものがあり、名目だけで活動実態がほとんどないもの、業界紙購読料名目の会費の金額が常識はずれの高額なものなどがあると聞いています。このような会費は実質的に寄付金や接待交際費にみなされたり、個人的費用にみなされるケースがあり、基本的に支払った金額の全額が企業の経費にならないことがあります。消費税も基本的には「課税仕

入れ」にはなりません。

　ところが、会費はそもそもあいまいなところが多く、税務調査でもほとんどつかみきれていないと聞いています。課税もれが数多く発生しているのではないかと思われます。

20．回数券で裏金作り

　デパートなどの商品券、コンサートの入場券、新幹線の回数券などは、消費税では物品切手と呼ばれていて、その会計処理はすこし複雑になっています。

　物品切手の販売は「非課税」取引になっていますので、たとえば、デパートで商品券を買ったときは「非課税仕入れ」となって、「課税仕入れ」になりません。デパートが商品券の発行元であれば「不課税仕入れ」となりますが、「課税仕入れ」にならないことに変わりはありません。そして、その購入した商品券で企業が使用する消耗品などに引き換えたときに、「課税仕入れ」になるのです。

　すなわち、物品切手の販売を「非課税」取引にするのは、消費税の二重課税を防ぐためのものなのです。

　物品切手によく似たものに郵便切手がありますが、郵便局などで販売する郵便切手も消費税では「非課税」取引になっています。郵便切手を買ったときは「課税仕入れ」になりませんが、切手を貼って郵便物を出したときに、その都度「課税仕入れ」にすることができるのです。ところが、その都度「課税仕入れ」にする会計処理が面倒であるという理由で、便宜的に郵便切手を買ったときにまとめて「課税仕入れ」にする会計処理も継続して採用すれば認められています。

　物品切手も郵便切手と同じように、買ったときにまとめて「課税仕入れ」にすることが認められています。たとえば、新幹線の回数券をまとめ買いして旅費交通費に計上し、消費税もまとめて「課税仕入れ」にします。

社員が出張で回数券を使用すれば何の問題もないのですが、まとめ買いした回数券を金券ショップに持ち込み、換金するというケースがあると聞いています。換金したお金を雑収入に計上しないで会社の裏金にしてプールしておくとか、社員が横領して自分のふところに入れてしまうと、不正経理となって法人税や消費税の脱税になるのです。このようなわかりにくい物品切手の「課税仕入れ」の会計処理を、悪用しているケースが数多くあるのではないかと思われます。

21. 契約次第で課税されない消費税

　店舗や事務所の家賃は「課税」取引に当たりますので消費税が課税されますが、住宅の家賃は「非課税」取引ですので課税されません。

　「課税」取引か「非課税」取引かどうかは、賃貸借契約の内容によって判定することになっています。すなわち、借主が事務所として使用するという契約内容であれば「課税」取引であり、住宅として使用する契約内容であれば「非課税」取引となります。

　たとえば、Ａさんが居住用マンションの一室を住宅用で借りる目的で賃貸借契約を結んでいましたが、途中でコンサルタント業を開業、自宅マンションの一室を事務所に変更して使用し、貸主の了解も得ました。家賃の変更がなかったので契約書はあらためて作成していませんし、毎年自動更新で契約は継続されていました。

　このようなケースでは、実際には事務所として使用されており、家賃は消費税が課税されることになるのですが、契約内容が住宅用の賃貸借のままであるため、家賃の消費税は課税されていないのです。契約書によって形式的に判定するのはわかりやすいのですが、実際とかけ離れた結果となっていて、課税もれが発生する原因になっているのです。

　また、コピー機のリース料は、基本的に「課税」取引に当たりますので消費税が課税されます。リース料の金額はコピー機の使用料のほかに、リース期間中の利息が含まれている場合があります。リース契約のときに、リース料の金額を使用料部分

の金額と利息部分の金額に区分して契約するケースと、区分しないで一括した金額で契約するケースがあります。リース料の使用料部分はもちろん「課税」取引ですが、利息部分は「非課税」取引ですから消費税が課税されません。

リース料の金額を区分して契約するケースは問題ないのですが、区分しないで一括した金額で契約するケースでは、利息部分を含めた金額も使用料部分であるとして、全体の金額が「課税」取引になるという取り扱いになります。借り手側から見ると、利息部分も「課税仕入れ」に含めてしまっていることになります。

すなわち、契約の仕方によって消費税の課税される範囲が違ってくるという、いわゆるグレーゾーンになっているのです。

リース契約のなかには、特注の生産装置を据え付けて代金をリース料で受け取るという契約や、ファイナンスリースという契約がありますが、これは賃貸借ではなく実質的に商品の販売と同じであるという考え方が7年ほど前から採用されました。つまり、リース商品を引き渡したときに、リース料の合計金額を売上に計上しなければならなくなったのです。

ところが実際には、依然としてリース料を受け取った都度、売上に計上しているケースがまだまだ多くあると聞いており、所得税、法人税や消費税の課税もれが発生しているようです。

２２．宗教法人は税金天国

　神社やお寺の主な収入になっている御さい銭、お布施、祈祷料などは、消費税では「不課税」取引であるとされていて課税されていません。いわゆる対価性がない取引にあたるもので、寄付金と同じ性質の取引であるとされています。

　一部の神社やお寺では、祈祷料やお札料の金額を大きく表示しているところもあるようですが、これが対価性がない取引であるといいきれるかどうか、はなはだ疑問に思われます。拝観料を徴収している神社やお寺も見受けられ、美術館や博物館と同じような施設であると思われるところもあるのですが、「課税」取引には当たらないのでしょうか。

　一部の有名な神社やお寺は、マスコミなどで取りあげられて観光地化しており、民間観光施設との違いがなくなっているようにも思われます。

　葬祭業者と契約したお坊さんが式場でお経を唱えることは、請負業にあたり「課税」取引にはならないのでしょうか。このようなグレーゾーンは数えあげればきりがありません。

　また、法人税でも、神社やお寺などの公益事業については基本的に課税されていません。事業税や固定資産税についても、公益事業については課税されていないようです。ただし、駐車場、幼稚園経営や結婚式場などの兼業については、収益事業として限定的に課税されますが、実際には正しく申告、納税されているかどうかは、よくわかっていません。

　宗教法人の本来の目的を考えますと、生活困窮者を助け、被災者などに救いの手を差しのべるという慈善事業を広く行って

おれば、税金に対する理解も得られるのではないかと思われます。それとも、税金問題などで神様、仏様にたて突いてはいけないのでしょうか。

23．軽減税率の導入

　平成29年4月に、消費税の税率を10％に増税することにしています。低所得者対策や増税批判の緩和対策などの目的で、自公両党の税制調査会において消費税の軽減税率の導入などについて議論されてきました。その結果、平成27年12月に与党税制改正大綱が公表されました。そのなかでの、消費税の軽減税率の主な内容は次のとおりです。

（1）軽減税率の対象取引は、飲食料品の販売、定期購読新聞の販売

　飲食料品とは、生鮮食品や加工食品をいい、酒類と外食を除くとされています。外食とは、飲食店などでの店内飲食や、いわゆるイートイン・コーナーでの飲食などをいうようです。したがって、ピザの宅配、ハンバーガー店のテイクアウトなど持ち帰りが可能な状態で販売されるものは、外食ではなく軽減税率が適用されるようです。飲食料品と玩具などが一体で販売される商品は、主要部分が飲食料品で少額のものは全体を飲食料品とするようです。輸入飲食料品も保税地域から引き取られるときに、軽減税率が適用されます。

　また、定期購読新聞とは、定期購読の契約がされた週2回以上発行される時事に関する日刊新聞をいうようです。今後、各種業界団体からの要請で、たとえば書籍雑誌の販売を軽減税率の対象とする見直しが行われる可能性もあるようです。飲食料品についても、軽減税率の対象にするかどうかの線引きの議論がされるようです。

なお、軽減税率は地方消費税を含む８％であり、つまり現在の標準税率８％を維持するだけのことになります。

（２）インボイス方式の導入

　軽減税率が導入された４年後に、インボイス方式として「適格請求書等保存方式」を導入するとしています。「適格請求書等保存方式」とは、消費税の「課税仕入れ」が認められる条件として、税務署に登録された課税事業者が発行する「適格請求書」などを保存しなければならないというものです。「適格請求書」には、発行者の登録番号、８％の軽減税率対象かそれ以外の標準税率１０％の税率区分、消費税額などの一定事項を記載しなければなりません。

　そして、課税売上の税額計算は、発行した「適格請求書」の消費税額を積み上げ計算する方法、または軽減税率８％の課税売上と標準税率１０％の課税売上に区分し、それぞれの課税売上に税率を掛けて計算する方法によります。

　課税仕入れの税額計算は、基本的に、受け取った「適格請求書」の消費税額を積み上げ計算する方法によります。

　また、この方式を導入するまでの準備期間として、つぎのように消費税計算の簡便な方法を認めています。

①課税売上税額の簡便計算

　２年前または２事業年度前の期間である基準期間の課税売上高が５，０００万円以下の軽減税率適用課税事業者は、軽減税率導入から４年間に限り、連続１０日間の軽減税率適用売上割合、または卸売業、小売業の軽減税率適用課税仕入れ割合によって、課税売上税額を計算できるという方法が認められます。

また、基準期間の課税売上高が５,０００万円を超える軽減税率適用課税事業者は、軽減税率導入から１年間に限り、同様に、連続１０日間の軽減税率適用売上割合、または卸売業、小売業の軽減税率適用課税仕入れ割合によって、課税売上税額を計算できる方法が認められます。

②課税仕入れ税額の簡便計算

　基準期間の課税売上高が５,０００万円以下の軽減税率適用課税事業者は、軽減税率導入から１年間に限り、基本的に、卸売業、小売業の軽減税率適用売上割合によって、課税仕入れ税額を計算できる方法や、課税期間中の届け出で簡易課税制度を適用することが認められます。

　また、基準期間の課税売上高が５,０００万円を超える軽減税率適用課税事業者は、同様に、軽減税率導入から１年間に限り、基本的に、卸売業、小売業の軽減税率適用売上割合によって、課税仕入れ税額を計算できる方法や、課税期間中の届け出で簡易課税に準じた方法の適用が認められます。

　以上のように、与党税制改正大綱のなかで消費税の軽減税率について公表され、国会で消費税改正法案などが審議されることになります。

　ただ、この軽減税率についても、さまざまな問題点があるように思います。

　まず、与党税制調査会の議論において、軽減税率と給付つき税額控除を中心に検討されましたが、選挙への影響が重視されて、十分な内容の議論がないまま軽減税率の導入が決められたようです。税理士会など一部の業界団体が要望していた単一税率の維持についての議論はまったく聞こえてきませんでした。

軽減税率にも非課税制度と同様の問題点がはらんでおり、飲食料品の製造コストや販売コストには多くの１０％標準税率適用取引があるため、飲食料品の販売事業者や免税事業者などの収益確保による商品値上げが想定されますので、消費者にとっては軽減税率の恩恵が薄れてしまうことになりかねません。

　インボイス方式を導入するまでの数年間は、大企業に対しても簡便計算を認めるなどの恩恵が与えられ、いわゆる「益税」がかなり増大すると思われます。インボイス方式導入後の個別消費税との二重課税やタックス・オン・タックスの問題点については、まったく改善されないようです。

　軽減税率適用の飲食料品の範囲をめぐって、線引き問題をはじめ、コンビニや駅売店などの店頭では相当の混乱やトラブルが予想され、外食産業の売上が減少することが心配ですが利益率は向上するのではないかと思われます。

　また、軽減税率導入による消費税の減収分は、１兆円規模と聞いていますが、その代わりとなる財源の手当てについての議論は先送りとなりました。果たして、この国の財政再建は大丈夫なのでしょうか。

第 三 部

1．消費税の誕生

　消費税ができるまでのあらましを振り返ってみたいと思います。

　昭和５４年、当時の大平正芳首相は衆議院選挙の公約に、「一般消費税」の導入を掲げました。時代は日本経済の高度成長が終わり、税収不足が続いていました。このために政府は赤字国債の本格的な発行を余儀なくされたのでした。

　当時の税金には、酒税、ガソリン税や、物品税、入場税、砂糖消費税などの個別消費税がありましたが、課税する対象がごく一部の商品などに限定されていましたので、税収のウエイトはきわめて小さく、多くの税収は期待できませんでした。物品税とは、高級宝飾品、自動車、テレビ・クーラーなどの家電製品やゴルフクラブなどのぜいたく品に限定して課税していました。入場税とは、映画館やコンサートなどの入場料に、砂糖消費税とは、砂糖などに対して課税していました。

　このように、個別消費税は一部の商品に限定して課税していましたので、国民の消費の多様化や生産技術の進化に追いついていけず、課税対象品の間のバランスにゆがみが生じるようになってきました。

　個別消費税の欠点をおぎない、そして、赤字国債に頼らない安定的な税収を確保するために、広く薄く課税する方法として、「一般消費税」の導入が掲げられたのでした。ところが、なじみがない「一般消費税」という大型間接税に対して、世論の反

対が強く、しかも身内である自民党議員からも反対意見が続出して、選挙期間中に増税案を撤回せざるを得なくなりました。果たして、自民党は選挙に負けました。

昭和62年、中曽根康弘首相は財政再建を掲げ、「売上税」の法案を国会に提出しました。しかし、社会党などの野党や経済団体などの反対が根強く、自民党からの造反議員も出てきました。税額票というインボイス方式のような書類のやり取りが義務化されていて、企業の取引内容がガラス張りにされてしまうこと、あるいは税額票をもらえない零細企業が取り引きから排除されてしまうということが、おもな反対理由であったと記憶しています。ついには「売上税」も廃案になりました。

そして平成元年4月、竹下登首相は、所得税や法人税の減税を先行して行い、野党などを粘り強く説得して、ついに「消費税」導入を実現させたのでした。

2．大混乱のスタート

　消費税の法律は、昭和６３年１２月２４日国会で成立し、翌年、昭和天皇が崩御された年の平成元年４月１日から実施されました。

　これまでなかった新しい大型間接税の導入を、国会成立からわずか３ヵ月で実施するという離れ業を強いられたのでした。国民に対する広報はまったく不十分でした。その広報や説明会を担当する税務署の職員の知識も皆無に等しい状況でした。

　このような状況のなかで、税務署には事業者や消費者から、連日ひっきりなしに問い合わせや苦情が寄せられました。たとえば、消費者から、「近くのラーメン屋ではすべての品を一律に５０円値上げした。便乗値上げではないか」とか、「駅前の寿司屋では９００円のランチを１，０００円に値上げしたので、取り締まってほしい」などの苦情が数多くありました。また、「アパートの家主から家賃を３％値上げするといわれたが、家主は免税事業者のはずだから値上げは納得できない。税務署で調査してほしい」という要望もありました。

　導入された当時の消費税は税率が３％、免税点すなわち課税事業者になる売上の基準金額が３，０００万円でした。居住用の家賃は非課税ではなく、当時は課税対象でした。

　なかには、事業者からつぎのような難問もありました。「銭湯を経営していてコインランドリーを置いている。１回２００円で１００円硬貨しか使えない。消費税をどのようにもらえばよいか」という問い合わせがありましたが、とっさの判断で「洗濯時間を３％分短く設定して、２００円のまま据え置きしては

どうか」と回答したところ、「それじゃー、きれいに洗えないんだよ」とおしかりを受けたことがありました。

政府は価格表示の仕方を、消費税を含めた金額で表示する「総額表示」と、消費税を別建てで表示する「税別表示」のいずれでもよいと認めました。このことも混乱を生じさせた原因のひとつになったのではないかと聞いています。

また、取引先から消費税を上乗せした代金をきちんともらえるかどうか、下請会社に消費税分を値引させる要求をしていないかどうか、という問題も発生しました。このような問題は、いわゆる消費税の転嫁の問題といわれています。導入された当時は、消費税の転嫁問題は主に中小企業庁が担当し、消費税の課税の仕組みについては国税庁が担当することになっていましたが、転嫁問題がなかなか収拾がつかなかったため、国税庁でも担当するようになりました。

課税の仕組みについても、消費税の理解が十分でなく、さまざまなトラブルが発生しました。たとえば、法人税の申告期限延長特例法人の消費税期限後申告の多数発生、建設業界での工事進行基準や未成工事支出金、建設仮勘定などの取り扱いをめぐる問題など、数えあげればきりがありません。

また、消費税の滞納が急に増えました。企業の経営が赤字であって所得税や法人税を納税する必要がない事業者でも、消費税は納税しなければならないケースが多いからです。

このように、消費税の導入にあたって多くの混乱が起きましたが、税務署の担当者などが粘り強く努力した効果があがり、事業者の消費税に対する理解が深まり、滞納も徐々に減少するなど、着実に定着してきたと思われます。

3．消費税の課税対象

ここからは、消費税の課税の仕組みについて詳しく説明します。

まず、消費税が課税される取引とはどのような取引であるか、すなわち、消費税の課税対象は何かということです。

消費税法では、つぎの4つの取引のすべてに当てはまる取引を、課税対象としています。
(1) 事業者が事業として行うものであること
(2) 対価を得て行うものであること
(3) 資産の譲渡、資産の貸付け、または役務の提供であること
(4) 国内において行うものであること

一つ目の「事業者が事業として行うものであること」ですが、事業者とは法人と個人事業者をいいます。

法人は取引のすべてが事業として行うものになります。個人事業者は事業者と消費者の両面がありますが、事業者の立場で行う取引が、事業として行うものになります。事業に付随して行われる自家用車などの事業用固定資産の売却などの取引も含まれます。したがって、個人事業者が消費者の立場で行う取引は、課税対象にはなりません。いわゆる「不課税」取引になります。

二つ目の「対価を得て行うものであること」とは、資産の譲渡、資産の貸付け、役務の提供に対して反対給付として対価を得る取引をいいます。わかりやすくいえば、基本的に商品を販

売したときやサービスを提供したときに、反対に金銭などをもらえるような取引のことをいいます。

したがって、寄付金や補助金などは反対給付として対価を得るものではないので、対価性がない取引になり、課税対象にはなりません。また、対価をもらわない無償の取引も、基本的に課税対象にはなりません。これらは「不課税」取引になります。

三つ目の「資産の譲渡、資産の貸付け、または役務の提供であること」は、3つに分けて説明します。

① 資産の譲渡とは、資産を他人に移転させることをいいます。すなわち、商品などの資産を他人に販売することなどです。物々交換など一定の取引も含まれます。

資産とは、商品や原材料などの棚卸資産、動産や不動産などの有形固定資産、特許権やソフトウェアなどの無形固定資産、開業費などの繰延資産などで、おおよそ取引の対象になる資産すべてが含まれています。

② 資産の貸付けとは、契約により、資産を他人に貸付け使用させることや、資産に権利を設定することをいいます。

たとえば、建物の賃貸借や自動車のレンタルなどです。

なお、資産の意味は前記①の資産の譲渡での資産と同じです。

③ 役務の提供とは、請負、運送、通信、飲食、出演など、あらゆるサービスを提供することをいいます。

以上の①から③のどれかに当たる取引が、課税対象になります。

すなわち、消費税が広く消費全般に対して課税しているということになります。

四つ目の「国内において行うものであること」とは、日本国内での取引であるということです。

　したがって、海外において行う国外取引は課税対象にはなりません。「不課税」取引になります。

　問題になるのは、国内と国外にまたがって行われる取引です。たとえば、商品の輸出取引、国際航空便や国際通信などの取引です。国内取引になるか、国外取引になるかの判定基準を内外判定といいますが、複雑な取り扱いになっています。

①資産の譲渡

　基本的には、資産が所在していた場所で判定します。

　すなわち、資産の譲渡のときに、その資産が国内に所在しておれば国内取引となって、消費税の課税対象となります。その資産が国外に所在しておれば国外取引となって「不課税」取引になります。

　たとえば、自動車メーカーが国産車を外国に輸出するとき、その国産車の所在する場所は国内ですから国内取引になり、輸出免税を適用することができます。自動車メーカーが海外工場で生産した自動車を国外で販売するとき、その自動車の所在する場所は国外ですから国外取引になります。国外で購入した資産を、国内に搬入せずに国外で譲渡するという、いわゆる三国間貿易は国外取引になります。

　これが資産の譲渡の判定の基本ですが、つぎのような例外があります。

　登録をした航空機は、その登録機関の所在地が国内であるか、国外であるかで判定します。未登録の航空機は、譲渡者の事務

所等の所在地が国内であるか、国外であるかで判定します。

登録をした船舶も、その登録機関の所在地が国内であるか、国外であるかで判定します。ただし、日本国籍の船舶を外国法人などの非居住者が譲渡する場合には、譲渡者の住所地で判定します。未登録の船舶は、譲渡者の事務所等の所在地が国内であるか、国外であるかで判定します。

特許権や商標権などは、権利の登録機関の所在地が国内であるか、国外であるかで判定します。なお、一つの権利を二つ以上の国に登録している場合には、譲渡者の住所地が国内であるか、国外であるかで判定します。

著作権やいわゆるノウハウなどは、譲渡者の住所地が国内であるか、国外であるかで判定します。

また、資産の所在場所が不明な場合には、譲渡者の事務所等の所在地が国内であるか、国外であるかで判定します。

②**資産の貸付け**

資産の譲渡の場合と同じで、基本的には、資産が所在していた場所で判定します。

すなわち、資産の貸付けのときに、その資産が国内に所在しておれば国内取引となって、消費税の課税対象となります。その資産が国外に所在しておれば国外取引となって「不課税」取引になります。

例外の判定も、資産の譲渡の場合とほぼ同じですが、一部違うところがあります。登録をした船舶のうち、外国国籍の船舶を日本の居住者が貸付けする場合には、貸付者の住所地で判定します。

③役務の提供

　基本的には、役務の提供が行われた場所で判定します。

　すなわち、役務の提供の場所が国内であれば国内取引となって、消費税の課税対象となります。役務の提供の場所が国外であれば国外取引となって、「不課税」取引になります。

　たとえば、日本の企業が海外でビルの建設工事を請け負ったり、海外に出店したレストランで食事を提供することは、国外取引となります。

　これが役務の提供の判定の基本ですが、つぎのような例外があります。

　国内と国外の双方にまたがる旅客輸送や貨物輸送、つまり国際運輸は、旅客や貨物の出発地または到着地のいずれかの場所が、国内であれば国内取引になります。

　国内と国外の双方にまたがる国際通信や国際郵便は、発信地または受信地のいずれかの場所が、国内であれば国内取引になります。

　保険、情報の提供、設計は、役務提供を行う事務所等の所在地が国内であるか、国外であるかで判定します。

　生産設備等の建設等に関する専門的知識を必要とする調査、企画などは、建設等の資材の大部分が調達される場所が、国内であるか、国外であるかで判定します。

　また、その他の役務提供や役務提供の場所が不明な場合には、役務提供を行う事務所等の所在地が国内であるか、国外であるかで判定します。実務のなかでは、この取り扱いを適用するケースが多いようです。

　このような、国内と国外にまたがって行われる取引が、国内

取引になるか、国外取引になるかについて判定することを、消費税では「内外判定」といいます。

 以上のことをまとめると、消費税の課税対象は、事業者が対価を得て資産の譲渡、資産の貸付け、役務の提供を国内で行う取引になります。

 ところで、近年はインターネットを使って海外から電子書籍や音楽、広告などの配信を受ける取引が急増しています。

 このような取引は、国内と国外にまたがって行われる取引で、役務の提供が行われる場所が国外であるために国外取引となり、「不課税」取引になっていました。国内の事業者から電子書籍などの配信を受けたときは、国内取引になりますから「課税」取引になります。国内であるか国外であるかによって、課

消費税の内外判定基準

区分	資産の区分等			判定場所
資産の譲渡	資産の譲渡全般（原則）			資産の所在場所
	航空機	登録航空機		登録機関の所在地
		未登録航空機		譲渡者の事務所等の所在地
	船舶	登録船舶	日本籍船舶 居住者が譲渡	登録機関の所在地
			日本籍船舶 非居住者が譲渡	譲渡者の住所地
			外国籍船舶	登録機関の所在地
		未登録船舶		譲渡者の事務所等の所在地
	特許権、商標権、実用新案権、意匠権など		１カ所で登録	登録機関の所在地
			２カ国以上で登録	譲渡者の住所地
	著作権、ノウハウなど			譲渡者の住所地
	資産の所在地が不明なもの			譲渡者の事務所等の所在地

区分	資産の区分等			判定場所
資産の貸付け	資産の貸付け全般（原則）			資産の所在場所
	航空機	登録航空機		登録機関の所在地
		未登録航空機		貸付者の事務所等の所在地
	船舶	登録船舶	日本籍船舶 居住者が貸付け	登録機関の所在地
			日本籍船舶 非居住者が貸付け	貸付者の住所地
			外国籍船舶 居住者が貸付け	貸付者の住所地
			外国籍船舶 非居住者が貸付け	登録機関の所在地
		未登録船舶		貸付者の事務所等の所在地
	特許権、商標権、実用新案権、意匠権など	1カ所で登録		登録機関の所在地
		2カ国以上で登録		貸付者の住所地
	著作権、ノウハウなど			貸付者の住所地
	資産の所在地が不明なもの			貸付者の事務所等の所在地

区分	役務の提供の区分等	判定場所
役務の提供	役務の提供全般（原則）	役務提供の場所
	旅客、貨物の国際運輸	出発地または到着地
	国際通信、国際郵便	発信地または受信地
	保険、情報の提供、設計	役務提供者の事務所等の所在地
	生産設備建設等の専門的な調査、企画など	建設資材等大部分の調達場所
	その他の役務提供、役務提供の場所が不明なもの	役務提供者の事務所等の所在地

税の不公平が生じていたのです。

　そこで、電子書籍の配信などの電気通信利用役務の提供については、「内外判定」の基準を見直しました。これまでの「役

務の提供を行う場所」から、「役務の提供を受ける場所」に基準を変更しました。すなわち、「役務の提供を受ける場所」が国内であれば、国内取引となって消費税の課税対象にすることになりました。

　したがって、海外事業者から電子書籍などを購入した国内事業者が、基本的に消費税を申告・納税する方式になりました。これをリバースチャージ方式といい、平成27年10月から適用になりました。

　また、海外の俳優、音楽家やプロスポーツ選手が、国内公演などを行う役務の提供については、消費税の課税時期のズレなどの理由で、ほとんどが課税もれになっていました。

　これについても平成28年4月からリバースチャージ方式が導入されて、役務の提供を受ける国内事業者が消費税の申告と納税を行うようになりました。

４．非課税取引

　消費税は、消費になじまないものや政策的に課税しないものを、「非課税」取引にしています。限定的に１３項目の取引が定められています。

（１）土地など

　土地は使用しても価値が目減りしないという考え方から、その譲渡や貸付けは消費になじまないものであるため、「非課税」取引であると説明されています。土地の売買代金や地代は、土地の譲渡、貸付けの対価ですから「非課税」取引になります。

　土地には、土地の上に存する権利も含むとされています。具体的には、地上権や土地の賃借権のことを借地権といいますが、借地権や道路通行権などの地役権、耕作権などの土地の使用収益に関する権利が含まれますので、これらの設定や譲渡、貸付けも「非課税」取引になります。

　したがって、土地の賃貸借契約において、借地権などの権利金や更新料、名義書換料は、土地の上に存する権利の設定や譲渡、貸付けの対価に当たりますので、「非課税」取引になります。

　敷金や保証金は、基本的に後日返還されるという預り金ですので、対価性がなく「不課税」取引とされています。

　なお、土地などの譲渡、貸付けに関する仲介手数料や代理手数料は、役務の提供の対価になりますので、「非課税」取引ではなく「課税」取引になります。

　駐車場や野球場、サッカー場などは、基本的に施設の貸付けとなり、土地の貸付けではないので「課税」取引になります。

また、資材置き場などで1ヵ月未満の短期間、土地を貸し付ける場合も土地の貸付けとはならず、「課税」取引とされています。

戸建て住宅やマンションの分譲において、土地と建物の金額を一括して売買契約されることがあります。土地の部分は「非課税」取引で、建物の部分は「課税」取引です。この場合の売買金額をどのように区分するかをめぐって、実際にはトラブルが数多く発生しています。

消費税では、所得税や法人税の取り扱いを引用して、時価などの合理的な金額で区分することにしています。具体的には、相続財産評価額や固定資産税評価額などをもとにして、土地と建物の金額を区分していれば問題がないようです。

親族間や親子会社間における土地建物売買契約のなかには、故意に土地価格をふくらませたり、反対に価格を圧縮させたり、時価とかけ離れたグレーな契約書が散見されます。

(2) 有価証券などや支払手段

有価証券とは一定の権利を証券化したもので、投資や資金調達などに使用されて経済市場を流通するものであり、その譲渡は消費になじまないものであるため、「非課税」取引であると説明されています。

支払手段の譲渡も消費になじまないものであるため、「非課税」取引になります。

具体的に、有価証券とは、国債証券、地方債証券、株券、社債券、投資信託などの受益証券などをいいます。有価証券に類するものとして、証券の発行がない登録国債、地方債、株式、社債などや、預金、売掛金、貸付金などの金銭債権をいいます。

また、支払手段とは、銀行券、政府紙幣、硬貨、小切手、手形、電子マネーなどをいいます。これらのものの譲渡が「非課税」取引とされています。
　ただし、ゴルフ会員権や、紙幣、硬貨のうち収集品、販売用のものなどの譲渡は、「非課税」取引になりません。

(3) 利子や保険料など

　利子を対価とする金銭の貸付けなどや、保険料を対価とする役務の提供などの金融取引は、消費になじまないものであるため、「非課税」取引になります。
　具体的には、預貯金の利子、貸付金の利子、国債や社債などの利子、生命保険や損害保険などの保険料などです。分割払いの割賦販売手数料やファイナンス・リースの利息と保険料も、基本的に「非課税」取引に含まれています。
　なお、間違えやすいものに、株式の配当金や生命保険などの保険金がありますが、利子や保険料ではありませんので、「非課税」取引になりません。配当金や保険金は対価性がない取引であるとされていますので、「不課税」取引になります。

(4) 郵便切手類、収入印紙・証紙や物品切手等

　郵便切手類等や物品切手等の譲渡は、消費税の二重課税を防ぐため、「非課税」取引であると説明されています。
　すなわち、郵便切手の取引は、郵便局などで購入するという取引と、封筒に貼り付けて郵送を依頼するという取引に分けることができますが、後者の郵送という取引は役務の提供にあたりますので消費税の「課税」取引になります。したがって、前

者の購入するという取引を「非課税」取引にすることによって、二重課税を防ぐことができるわけです。ちなみに、郵便はがきの切手代は５２円ですが、この金額は消費税分が含まれた郵便料金になっているのです。

　郵便切手類とは、郵便切手や郵便はがきなどをいいます。収入印紙は、不動産売買契約書や領収証などの印紙税の納税などや、国などの行政手数料の納付などに使用されます。証紙は、地方公共団体などの行政手数料の納付などに使用されます。

　郵便切手類や収入印紙などの譲渡が「非課税」取引になるのは、郵便局や一定の印紙売りさばき所などにおける販売に限られています。したがって、切手収集品販売業者や金券ショップが郵便切手類を販売することは、「非課税」取引になりません。

　物品切手の取引は、デパートなどで商品券を販売するという取引と、商品券を商品に引き換えるという取引に分かれ、後者の商品に引き換えることが資産の譲渡に当たり「課税」取引になりますので、二重課税防止のため前者の商品券の販売を「非課税」取引にしたのです。

　物品切手等とは、商品券、ビール券、運賃回数券や各種プリペイドカードなどをいいます。このような物品切手等の譲渡が、「非課税」取引になります。

　ところで、物品切手等の取引経路と消費税の取り扱いは、とても複雑になっています。たとえば、ビール券のケースで説明しますと、①お酒の業界団体が共通ビール券を発行して酒販店に販売し、②酒販店が消費者に販売したとします。③消費者が酒販店でビール券を缶ビールに引き換えたあと、④酒販店では引換済みのビール券を発行元に回収してもらうという取引経路

を仮定します。
① 業界団体が共通ビール券を発行して酒販店に販売する取引は、物品切手等の発行行為であって販売ではないとされているため、ビール券の代金は「不課税」取引になります。
② 酒販店が消費者にビール券を販売することは、物品切手等の譲渡であり「非課税」取引です。
③ 消費者が酒販店でビール券を缶ビールに引き換えることは、資産の譲渡に当たり「課税」取引になります。
④ 酒販店が引換済みのビール券を発行元に回収してもらう取引は、資産の譲渡や役務の提供ではないとされているため、ビール券の回収代金は「不課税」取引になります。

もし回収手数料があれば「課税」取引になります。

このように、物品切手等をめぐる取引は複雑になっているのです。

(5) 国等の行政手数料や外国為替取引など

たとえば、納税証明書、住民票や印鑑登録証明書の交付手数料などの国や地方公共団体の行政手数料、円とドルなどの交換という外国為替取引などの役務の提供は、消費になじまないものであるため「非課税」取引とされています。

(6) 公的医療、療養等

これ以降の項目は、政策的な配慮による「非課税」取引になります。

公的医療、療養等の範囲については、基本的に健康保険法や国民健康保険法などの規定にゆだねられています。したがって、

基本的に健康保険法や国民健康保険法などに定められた医療や療養などの資産の譲渡、資産の貸付け、役務の提供が、「非課税」取引になります。

これ以外の取引である美容整形、歯科の自由診療、人間ドックなどの健康診断、予防接種などの料金は「課税」取引になります。また、時間外診察料、差額ベット代、特別給食費、診断書作成料なども基本的に「課税」取引になります。

(7) 公的介護サービス、社会福祉事業等

公的介護サービスとは、介護保険法に定められた居宅介護サービス、施設介護サービスなどの役務の提供のことをいい、基本的に「非課税」取引になります。

社会福祉事業等とは、社会福祉法、児童福祉法や老人福祉法などに定められた児童養護施設、養護老人ホームなどを経営する事業などで行われる、資産の譲渡、資産の貸付け、役務の提供のことをいい、基本的に「非課税」取引になります。

(8) 助産

助産とは、病院などで医師や助産師による妊娠、分娩などにかかる資産の譲渡、資産の貸付け、役務の提供のこといい、「非課税」取引になります。妊娠検査料、差額ベット代、特別給食費も「非課税」取引になりますが、人工中絶は非課税になりません。

(9) 埋葬、火葬

埋葬、火葬とは、墓地埋葬等に関する法律に定められた埋葬

や火葬の役務の提供をいい、埋葬料などは「非課税」取引になります。

葬儀業者の葬儀料金は「非課税」取引になりませんが、埋葬料や埋葬許可手数料が区分表示されていて、立替払い処理のときには「不課税」取引になります。なお、僧侶に支払うお布施や戒名料などは、対価性がない取引のため「不課税」取引とされています。

(10) 身体障害者用品

身体障害者用品とは、身体障害者が使用するための特殊な物品で、厚生労働省が指定したものをいい、資産の譲渡、資産の貸付け、役務の提供が「非課税」取引になります。具体的には、車いす、義足、点字器などの譲渡、貸付け、製作・修理などの役務の提供が該当します。

(11) 学校の授業料など

学校教育法などで定められた学校や、修業年限・授業時間数などが一定の教育機関における教育をいい、その役務の提供が「非課税」取引になります。具体的には、授業料、入学金、受験料、教育設備費などが該当しますが、基本的に給食費や修学旅行費は「非課税」取引になりません。予備校、学習塾、カルチャースクールなどの授業料なども、「非課税」取引になりません。

(12) 教科用図書

教科用図書とは、学校教育法に定める検定済み教科書などをいい、その資産の譲渡が「非課税」取引になります。教育委

会が指定した参考図書の販売や、教科書の取次書店の販売手数料などは、「非課税」取引になりません。

(13) 住宅の家賃

住宅とは、人が居住用に使用する家屋をいいます。具体的には、戸建て住宅、マンション、アパートや社宅などです。

賃貸借契約において、居住用の目的で貸し付けすることが明らかになっているものの家賃が、「非課税」取引になります。店舗や事務所などを住宅の一部分に設置した場合には、住宅部分のみが「非課税」取引になり、店舗や事務所などの部分は「課税」取引になります。

マンションなどの共用部分の諸費用である共益費は、基本的に「非課税」取引に含まれますが、水道光熱費などで預り金や立替金処理したものは、対価性がなく「不課税」取引になります。駐車場料金は基本的に「課税」取引になります。

権利金、礼金、更新料などで住宅貸付けにかかるものは、「非課税」取引になりますが、敷金や保証金などの後日返還されるものは、資産の貸付けの対価になりませんので「不課税」取引になります。

なお、旅館業法に定める旅館やホテルなどでの長期滞在は、住宅の貸付けになりませんので「非課税」取引になりません。ウィークリーマンションなどの貸付期間が1ヵ月未満の場合も、「非課税」取引になりません。

以上のとおり、消費税の「非課税」取引は、消費になじまないものや政策的に課税しないものを、13項目に限定して定め

ています。

　そもそも、消費税の課税対象は、
（１）事業者が事業として行うものであること
（２）対価を得て行うものであること
（３）資産の譲渡、資産の貸付け、または役務の提供であること
（４）国内において行うものであること
のすべての条件を満たす取引です。
　１３項目の「非課税」取引も、４つの条件すべてに当てはまる取引で、基本的には「課税」取引であるといえるのですが、消費になじまないものや政策的に課税しないものを限定して、例外として課税しないことにしたということです。

消費税の非課税取引

消費になじまないもの	（１）土地など
	（２）有価証券などや支払手段
	（３）利子や保険料など
	（４）郵便切手類、収入印紙・証紙や物品切手等
	（５）国等の行政手数料や外国為替取引など
政策的配慮によるもの	（６）公的医療、療養等
	（７）公的介護サービス、社会福祉事業等
	（８）助産
	（９）埋葬、火葬
	（１０）身体障害者用品
	（１１）学校の授業料など
	（１２）教科用図書
	（１３）住宅の家賃

5．輸出免税

　輸出免税とは、基本的に国内の商品を外国の企業に販売したり、サービスを外国の企業に提供するなどの、国内と国外にまたがる輸出取引については、日本の消費税を外国の企業や消費者に負担させないために免除するというものです。

　輸出免税の説明のまえに、輸出手続きの基本的な流れについて説明します。

　まず、国内の企業が輸出する貨物を、輸出港近くの「保税地域」に指定された倉庫に搬入します。通関代行業者に輸出手続きに必要な輸出申告書などの書類の作成や、船舶、荷役作業、海上保険などの手配を依頼します。通関代行業者のことを「乙仲業者」とも呼びます。

　税関に輸出申告書などの書類を提出して、輸出許可を受けます。「保税地域」に搬入された貨物は、輸出許可を受ける前はいわゆる「内国貨物」といわれますが、輸出許可後は「外国貨物」といわれます。

　「外国貨物」を船舶に積み込み、輸出先に向けて出港します。貨物の荷主が船舶運賃や海上保険料を負担するＣ・Ｉ・Ｆ取引と、運賃や保険料を負担せず船舶に貨物を積み込むまでの費用を負担するＦ・Ｏ・Ｂ取引などがあります。

　輸出先が貨物を受け取り後、輸出元が外国為替などで輸出代金を受け取ります。基本的にこのような流れで輸出取引が行われています。

　輸出免税が適用になる輸出取引の主なものは次のとおりで、「免税売上」といいます。

①国内から輸出される資産の譲渡、資産の貸付け
②国内と国外にまたがる旅客や貨物の国際輸送
③国内と国外にまたがる通信や郵便などの国際通信
④非居住者に対する無体財産権の譲渡、貸付け

　非居住者とは、基本的に滞在期間が6カ月未満の外国人や、外国に2年以上滞在する日本人などと、国内に支店等がない外国法人や、日本法人の外国支店などをいいます。これは外国為替管理法に定める非居住者であり、所得税法に定める非居住者とは若干違っているので、注意を要します。

　無体財産権とは工業所有権や著作権などの権利をいいます。
⑤非居住者に対する役務の提供

　ただし、国内にある資産の運送や保管、国内での飲食や宿泊、国内で直接便益を受けるものは、輸出免税が適用になりません。
⑥輸出物品販売場における資産の譲渡

　輸出物品販売場とは、いわゆる免税ショップのことですが、外国人旅行者などの非居住者に対して、土産物など特定の商品を消費税を免除して販売できる店舗などで、税務署の許可を受けた販売場をいいます。免税で販売できる特定の商品は、日常生活用の一般物品と消耗品で、一般物品は1店舗につき販売合計金額が基本的に5,000円以上で100万円以下のもの、消耗品は5,000円以上で50万円以下のものです。

　なお、購入数量や金額が多く事業用や販売用の目的の場合や、一般物品や消耗品以外の商品の場合には、この免税制度を適用することができません。通常の輸出取引の手続きをして、輸出免税の適用を受けることになります。また、ショッピングセンター内の免税手続カウンターにおける一括精算方式の制度や、

外航クルーズ船の寄港地における臨時販売場の制度が新しくできました。
⑦外国大使館や米軍などに対する資産の譲渡、資産の貸付け、役務の提供

　また、輸出免税の適用を受けるためには、税関の輸出許可証、輸出証明書、契約書など輸出取引を証明する書類がなければなりません。

6．輸入取引

　国外から国内に貨物を搬入することを輸入取引といいます。国外から国内に到着した貨物を「外国貨物」といいますが、輸入港近くの「保税地域」という倉庫にいったん保管されます。税関で輸入申告の手続きや検疫などの検査を受けて、輸入許可がされるとその貨物は「内国貨物」となります。

　輸入者が「保税地域」から輸入貨物を引き取るときに、基本的に消費税が課税されて税関に納税しなければなりません。

　輸入取引の場合の消費税の課税価格は、一律に定められています。国内取引の場合は、当事者間で決めた取引金額が、基本的に消費税の課税価格になりますが、輸入取引の場合は、関税課税価格に関税額と個別消費税を加えた金額が、消費税の課税価格になります。

　関税課税価格とは、輸入貨物の取引金額に輸送運賃と損害保険料を加えた、いわゆるC・I・F価格をいいます。関税額とは、基本的にC・I・F価格に関税定率法に定められた率を掛けた輸入関税をいいます。

　個別消費税とは、酒税、たばこ税や石油石炭税などをいいます。

　以上のとおり、輸入取引の場合はこのような金額を合計したものが、消費税の課税価格とされています。

　輸入者は事業者だけではなく消費者も含まれますので、いわゆる個人輸入のケースも税関に消費税を納税しなければなりません。すなわち、事業者や消費者の輸入取引に対して消費税を課税することで、基本的に国内取引と同じ負担をすることにな

るのです。
　なお、海外旅行者の携帯免税制度というものがあり、一定数量までのお酒、たばこや香水など、一定金額までのブランドバッグなどの土産物の輸入取引が免税になっています。

7．納税義務者

　消費税の課税対象は、
①事業者が事業として行うものであること
②対価を得て行うものであること
③資産の譲渡、資産の貸付け、または役務の提供であること
④国内において行うものであること
の4つの条件をすべて満たす取引です。
　消費税の課税対象になる取引を行った事業者で、消費税を申告・納税しなければならない事業者のことを納税義務者といいます。

（1）納税義務者の判定

　消費税の納税義務者になるかどうかの判定は、つぎのように行われます。
　基本的に、「基準期間」の「課税売上高」が1,000万円を超える事業者が、納税義務者になります。
　消費税の納税額を計算する対象になる期間のことを、「課税期間」といいます。基本的に、個人事業者の場合は暦年、つまり当年の1月1日から12月31日、法人の場合は当事業年度、たとえば3月決算法人であれば当年4月1日から翌年3月31日になります。
　「基準期間」とは、個人事業者は「課税期間」の前々年をいい、法人は「課税期間」の前々事業年度をいいます。したがって、「基準期間」と「課税期間」は、個人事業者では「課税期間」の2年前が「基準期間」、法人では「課税期間」の2事業年度前が「基

準期間」という関係になります。

「課税売上高」とは、資産の譲渡、資産の貸付け、役務の提供の取引うち、消費税が課税になる取引で消費税を含めない金額と、輸出取引の金額を合計した金額をいいます。消費税が課税になる取引金額には消費税が含まれますので、消費税抜きの金額に修正します。輸出取引の金額にはそもそも消費税が含まれていませんので、取引金額がそのまま消費税抜きの金額になります。すなわち、「課税売上高」とは、消費税抜きの「課税売上」と輸出取引の「免税売上」の合計金額のことをいいます。

このように、「基準期間」の「課税売上高」をもとにして、当年または当事業年度が納税義務者になるかどうかを判定するわけです。「基準期間」の「課税売上高」が１，０００万円を超える事業者のことを「課税事業者」といいます。反対に、「基準期間」の「課税売上高」が１，０００万円以下の事業者のことを「免税事業者」といい、基本的に小規模事業者の消費税の納税義務を免除することにしています。事業者が「課税事業者」であるか「免税事業者」であるかを、あらかじめ知っておく必要があるために、「基準期間」と「課税期間」というタイムラグを設定したと説明されています。

（２）納税義務者の例外判定

「基準期間」の「課税売上高」が１，０００万円以下の事業者であっても、「免税事業者」にならないという例外がいくつかあります。

「特定期間」の「課税売上高」などが１，０００万円を超える事業者の場合には、「免税事業者」にはならず「課税事業者」

になります。「特定期間」とは、個人事業者は「課税期間」の前年の１月１日から６月３０日、法人は基本的に前事業年度の開始日から６カ月間の期間をいいます。つまり、前年の前半６カ月間、前事業年度の前半６カ月間です。

　すなわち、「課税期間」の前年の前半６カ月間、前事業年度の前半６カ月間の「課税売上高」、または給与などの支払合計額が１，０００万円を超える事業者は、「課税事業者」になるわけです。「課税売上高」で判定するか、給与などの支払合計額で判定するかは、有利な方法を選択することができます。

　なお、開業１年目や２年目、法人設立１年度目や２年度目の「課税期間」においては「基準期間」がありませんし、また、１年目や１年度目の「課税期間」においては「特定期間」がありませんので、基本的に納税義務者にならず「免税事業者」になります。

（3）新規設立法人の例外

　資本金が１，０００万円以上の新規設立法人は、一定の期間「課税事業者」になります。

　新規設立法人は前々事業年度や前事業年度が存在せず、「基準期間」がないことになりますので、基本的に設立第１期と第２期は「免税事業者」になってしまいます。

　ところが、資本金が１，０００万円以上の場合には、設立第１期と第２期の２事業年度を「課税事業者」とみなして、消費税の納税義務を免除しないという特例があります。設立第３期以降は「基準期間」や「特定期間」がありますので、基本どおり「基準期間」の「課税売上高」や「特定期間」の「課税売上

消費税納税義務の判定

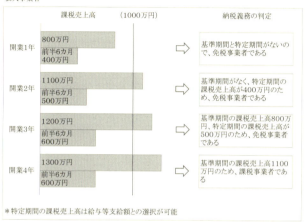

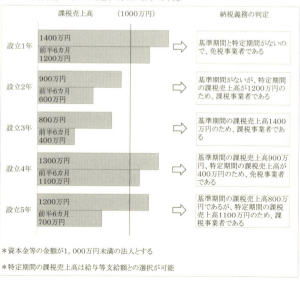

高」などで、「課税事業者」であるかどうかを判定することになります。

　また、資本金が１，０００万円未満の新規設立法人でも、基本的に「基準期間」の「課税売上高」が５億円を超える親法人の子会社などは、設立第１期と第２期の２事業年度を「課税事業者」とみなして、消費税の納税義務を免除しません。資本金が１，０００万円以上の法人や大企業の子会社などは、小規模事業者とはみられないという理由のためです。

（４）相続の例外

　個人事業者が死亡して相続人がその事業を引き継いだ場合は、死亡した被相続人と引き継いだ相続人の「基準期間」の課税売上高によって、相続人の納税義務を判定します。

①死亡した年つまり相続があった年の相続人Ｂの納税義務は、被相続人Ａの「基準期間」の課税売上高によって判定します。すなわち、被相続人Ａの「基準期間」の課税売上高が１，０００万円を超えていれば、相続人Ｂは相続があった日の翌日から課税事業者となります。１，０００万円以下であれば免税事業者です。

②相続があった年の翌年の相続人Ｂの納税義務は、被相続人Ａの「基準期間」の課税売上高と、相続人Ｂの「基準期間」の課税売上高の合計金額によって判定します。すなわち、被相続人Ａと相続人Ｂの「基準期間」の課税売上高の合計金額が１，０００万円を超えていれば、相続人Ｂは課税事業者となります。相続人Ｂがそもそも事業者でなければ、被相続人Ａだけの「基準期間」の課税売上高で判定することになります。

③相続があった年の翌々年の相続人Bの納税義務は、前記②の翌年の場合と同様に、被相続人Aの「基準期間」の課税売上高と、相続人Bの「基準期間」の課税売上高の合計金額によって判定します。

なお、相続人が2人以上いて遺産分割が行われるまでは、相続人全員が被相続人の事業を共同して引き継いだものとされて、各相続人は法定相続分に応じた割合で納税義務を負うことになります。

このように、被相続人と相続人の「基準期間」の課税売上高によって判定しますが、「特定期間」による判定は行いま

相続の納税義務

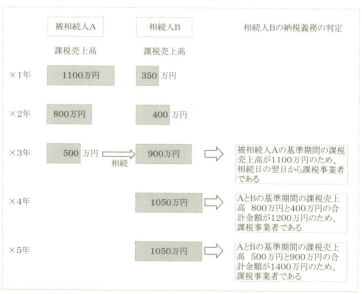

せん。ただし、相続人自身が単独での「特定期間」による納税義務の判定は行われます。

(5) 会社合併の例外

会社の合併には、吸収合併と新設合併の形態があります。

吸収合併とは、ある会社が他の会社の事業のすべてを引き継ぎ、他の会社を消滅させる形態の合併をいいます。存続する会社を合併法人、消滅する会社を被合併法人といいます。

新設合併とは、複数の法人がそれぞれの事業のすべてを新規に設立した別法人に引き継ぎ、事業を引き継いだ複数の法人を消滅させる形態の合併をいいます。新規設立した別法人を合併法人、消滅する会社を被合併法人といいます。

会社の合併の場合には、被合併法人と合併法人の「基準期間」の課税売上高によって、合併法人の納税義務を判定します。

①吸収合併のときは、合併した事業年度の合併法人Ｂの納税義務は、被合併法人Ａの「基準期間」の課税売上高によって判定します。1,000万円を超えるときには、合併の日から合併法人Ｂの納税義務が生じます。

②合併の翌事業年度の合併法人Ｂの納税義務は、被合併法人Ａの「基準期間」の課税売上高と、合併法人Ｂの「基準期間」の課税売上高の合計金額で判定します。

③合併の翌々事業年度の合併法人Ｂの納税義務は、前記②と同様に、被合併法人Ａの「基準期間」の課税売上高と、合併法人Ｂの「基準期間」の課税売上高の合計金額で判定します。

なお、事業年度の期間が１年未満のときや、事業年度の末日が異なっているときは、被合併法人Ａの「基準期間」の課

税売上高などを調整しなければなりません。

合併法人Ｂが合併する前から課税事業者であれば、このような判定をする必要がありません。

④また、新設合併のときは、合併した事業年度の合併法人Ｂの納税義務は、被合併法人それぞれの法人の「基準期間」の課税売上高のうち最も多い金額によって判定します。

⑤合併した翌事業年度の合併法人Ｂの納税義務は、被合併法人それぞれの法人の「基準期間」の課税売上高の合計金額で判定します。

なお、④と⑤において、合併法人Ｂの資本金が１，０００万円以上の新規設立法人に当たるときは、被合併法人の「基準期間」の課税売上高の判定金額が１，０００万円以下であっても、納税義務があります。

⑥合併した翌々事業年度の合併法人Ｂの納税義務は、被合併法人それぞれの法人の「基準期間」の課税売上高の合計金額に、合併法人Ｂの「基準期間」の課税売上高を加えた金額で判定します。

なお、事業年度の期間が１年未満のときや、事業年度の末日が異なっているときは、被合併法人の「基準期間」の課税売上高などを調整しなければなりません。

このように、被合併法人と合併法人の「基準期間」の課税売上高によって判定しますが、「特定期間」による判定は行いません。ただし、合併法人自身単独での「特定期間」による納税義務の判定は行われます。

合併の納税義務

(1) 吸収合併の場合 (A社、B社ともに、事業年度は4月1日から翌年3月31日までの1年間)

	被合併法人A	合併法人B	合併法人Bの納税義務の判定
	課税売上高	課税売上高	
×1年度	1100万円	350万円	
×2年度	800万円	400万円	
×3年度	500万円 →合併→	900万円	被合併法人Aの基準期間の課税売上高が1100万円のため、合併日から課税事業者である
×4年度		1050万円	AとBの基準期間の課税売上高 800万円と400万円の合計金額が1200万円のため、課税事業者である
×5年度		1050万円	AとBの基準期間の課税売上高 500万円と900万円の合計金額が1400万円のため、課税事業者である

(2) 新設合併の場合 (A1社、A2社、B社ともに、事業年度は4月1日から翌年3月31日までの1年間)

	被合併法人A1	被合併法人A2	合併法人B	合併法人Bの納税義務の判定
	課税売上高	課税売上高	課税売上高	
×1年度	1100万円	300万円		
×2年度	800万円	500万円		
×3年度	700万円 →	600万円 →合併→	400万円	被合併法人の基準期間の課税売上高が大きい方のA1が1100万円のため、合併日から課税事業者である
×4年度			1500万円	A1とA2の基準期間の課税売上高 800万円と500万円の合計金額が1300万円のため、課税事業者である
×5年度			1500万円	A1、A2とBの基準期間の課税売上高700万円、600万円、400万円の合計金額が1700万円のため、課税事業者である

＊合併法人Bは資本金等の金額が1000万円未満の法人とする

(6) 会社分割の例外

　会社の分割には、吸収分割と新設分割の形態に大きく分けられます。

　吸収分割とは、分割される法人の事業の一部分を、吸収する法人に引き継ぐ形態をいいます。事業の一部分を分割される法人を分割法人、その事業を吸収する法人を分割承継法人といいます。

　新設分割とは、分割される法人の事業の一部分を、新規設立法人に引き継ぐ形態をいいます。事業の一部分を分割される法人を新設分割親法人、新規設立法人を新設分割子法人といいます。

　会社の分割の場合にも、分割される法人と承継する法人の「基準期間」の課税売上高によって、納税義務を判定します。

①吸収分割のときは、分割した事業年度の分割承継法人Ｂの納税義務は、分割法人Ａの「基準期間」の課税売上高によって判定します。１，０００万円を超えるときには、分割の日から分割承継法人Ｂの納税義務が生じます。

②分割の翌事業年度の分割承継法人Ｂの納税義務は、分割法人Ａの「基準期間」の課税売上高によって判定します。

③分割の翌々事業年度の分割承継法人Ｂの納税義務は、分割承継法人Ｂの「基準期間」の課税売上高で判定します。

　なお、事業年度の期間が１年未満のときや、事業年度の末日が異なっているときは、分割法人Ａの「基準期間」の課税売上高などを調整しなければなりません。

分割承継法人Ｂが分割する前から課税事業者であれば、このような判定をする必要がありません。

④また、新設分割のときは、分割した事業年度の新設分割子法人Ｂの納税義務は、新設分割親法人Ａの「基準期間」の課税

売上高によって判定します。
⑤分割した翌事業年度の新設分割子法人Bの納税義務は、新設分割親法人Aの「基準期間」の課税売上高によって判定します。

なお、④と⑤において、新設分割子法人Bの資本金が１，０００万円以上の新規設立法人に当たるときは、新設分割親法人Aの「基準期間」の課税売上高の判定金額が１，０００万円以下であっても、納税義務があります。

⑥分割した翌々事業年度以降の新設分割子法人Bの納税義務は、基本的に新設分割子法人Bの「基準期間」の課税売上高で判定します。

ただし、新設分割親法人Aと新設分割子法人Bの間に、持株割合が５０％を超えるような特定要件に当たる場合には、新設分割親法人Aと新設分割子法人Bの「基準期間」の課税売上高の合計金額によって判定します。なお、この場合には、新設分割親法人Aの納税義務についても合計金額によって判定されるという例外の取り扱いがあります。

このように、分割法人と分割承継法人、新設分割親法人と新設分割子法人の「基準期間」の課税売上高によって判定しますが、「特定期間」による判定は行いません。ただし、分割承継法人や新設分割子法人自身が単独での「特定期間」による納税義務の判定は行われます。

　以上のように、「課税事業者」になるか、「免税事業者」になるかを判定しますが、「免税事業者」が取引の都合や節税対策などのため、「課税事業者」になることを選択することもでき

消費税は2％がいい　99

分割の納税義務

(1) 吸収分割の場合（A社、B社ともに、事業年度は4月1日から翌年3月31日までの1年間）

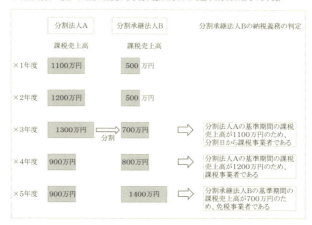

(2) 新設分割の場合（A社、B社ともに、事業年度は4月1日から翌年3月31日までの1年間）

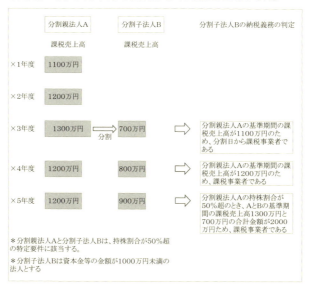

ます。選択するためには、「消費税課税事業者選択届出書」という書類を税務署に提出しなければなりません。提出した日の翌「課税期間」から、「課税事業者」になることができます。

　新規に事業を開始した場合などは、開業１年目に届出書を提出すると１年目の「課税期間」から、「課税事業者」になることができます。

　この制度を選択して「課税事業者」になった場合には、「基準期間」の「課税売上高」が１，０００万円以下であっても、２年間は「免税事業者」に戻ることができませんので、注意が必要です。２年間を経過すれば「免税事業者」に戻ることができますので、「消費税課税事業者選択不適用届出書」という書類を税務署に提出すると、提出した日の翌「課税期間」から「免税事業者」になります。

　以上のように、「課税事業者」に判定された個人事業者や法人は、消費税を計算した申告書を税務署に提出し、納税することになります。

8. 課税の時期

　消費税の課税事業者が課税売上や課税仕入れを行ったときに、いつの時点で課税売上や課税仕入れを計上しなければならないかということです。

　商品を販売する取引を細かく分解すると、たとえば、商品の受注、販売契約の成立、商品の引き渡し、請求書の発行、代金の受け取りという行為に分けられるとします。商品の受注から代金の受け取りまでの期間が同じ日であるか、同じ年や同じ年度であるケースはあまり問題にはなりませんが、年や年度をまたがって行われるケースではいつの時点に売上を計上しなければならないかが問題になってきます。

　消費税の課税売上や課税仕入れを計上しなければならない時期は、基本的に、所得税や法人税が定める売上や仕入れの計上時期と同じになります。

　具体的に、資産の譲渡では、基本的に、商品や有形固定資産の譲渡は引き渡しの日が課税売上を計上する時期になります。反対の課税仕入れでは引き渡しを受けた日が計上する時期になります。代金を受け取った日に課税売上を計上するという、いわゆる「現金主義」による計上は基本的に認められていません。特許権などの無形固定資産の譲渡などは、譲渡などの契約効力発生の日が課税売上を計上する時期になります。

　資産の貸付けでは、契約により支払日が定められているときは、その支払を受けるべき日が課税売上を計上する時期になります。契約に支払日が定められていないときは、請求日または代金受取日が課税売上を計上する時期になります。

役務の提供では、建設や製造などの物の引き渡しがある、いわゆる有形請負は、完成した目的物を引き渡した日が課税売上を計上する時期になります。保守や広告などの物の引き渡しがない、いわゆる無形請負、その他サービスの提供は、基本的に契約した役務の提供を完了した日が課税売上を計上する時期になります。

　このように、所得税や法人税と同様な取り扱いになっていますが、なかには消費税が独自に定めた例外がいくつかあります。

　所得税や法人税では、売上原価や販売費用は売上に見合う部分だけしか計上が認められず、売上につながらない部分の原価や費用は在庫商品や前払費用などとして、翌年や翌事業年度に繰り越さなければなりません。いわゆる「費用収益対応原則」とよばれ、会計処理の大原則となっています。

　ところが、消費税ではこの原則を採用しておらず、これまでの説明のとおり、課税仕入れは引き渡しを受けた日などに計上できますので、売上につながらない部分の原価や費用であっても「課税仕入れ」に計上し、差し引くことができて繰り越す必要がありません。

　また、免税事業者が課税事業者になったときは、免税事業者のときに「課税仕入れ」した在庫商品を、課税事業者になったときの課税期間に「課税仕入れ」したものとみなして仕入控除税額を計算することができます。

　反対に、課税事業者が免税事業者になったときは、課税事業者の最終の課税期間において「課税仕入れ」した在庫商品を、「課税仕入れ」がなかったものとして仕入控除税額を調整する計算をしなければなりません。

9．消費税の計算

　消費税の課税の基本的な仕組みは、事業者が売上などで受け取った消費税から、仕入れなどで支払った消費税を差し引いて、その差額を納税するというものです。消費税は、消費者に最終的に負担させるものであり、事業者は消費者に代わって納税するという立場にあり、消費税を負担するものではありません。

　事業者は商品の販売やサービスの提供などの各段階において、取引金額に消費税を上乗せさせて取引を行っており、次々と消費税が転嫁されています。取引の各段階で消費税が二重、三重に課税されないように、仕入れなどで支払った消費税を差し引くという仕組みを採用しているわけです。この仕組みのことを「前段階税額控除制度」といいます。このようにして、事業者は消費税を負担しないことになります。

(1) 消費税の申告、納税

　消費税の「課税事業者」は、基本的に年１回、消費税の納税額などを計算して、消費税確定申告書を税務署に提出しなければなりません。提出期限は、個人事業者は「課税期間」の翌年３月３１日まで、法人は「課税期間」の末日から２カ月以内です。納税の期限も基本的に申告書提出期限と同じ日です。法人の場合には、法人税申告書の提出期限延長制度がありますが、消費税には延長制度がありませんので注意しなければなりません。

　また、消費税の納税額が一定の金額を超えるときには、確定申告以外に中間申告や中間納税を行わなければなりません。

　なお、「課税期間」は基本的に１年間ですが、１カ月単位や

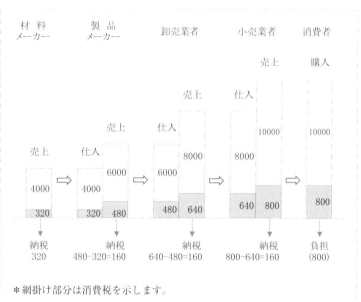

前段階税額控除制度

＊網掛け部分は消費税を示します。

3カ月単位の「課税期間」を選択することができます。所定の「届出書」をあらかじめ税務署に提出する必要があります。選択すると2年間以上継続した後でなければ、変更や撤回はできません。

1カ月単位や3カ月単位の「課税期間」を選択したときは、それぞれの「課税期間」の末日から2カ月以内に確定申告を行うことになります。基本的に、毎月や3カ月おきに仮決算を組んで申告書を作成し提出します。この場合には中間申告や中間納税は適用されません。輸出業者などの消費税が通常還付になる事業者が、この制度を利用しています。

（2）税率

　消費税の税率は現在８％ですが、このなかには地方消費税も含まれています。すなわち、消費税は国の消費税と地方消費税を合わせて８％になっているのです。

　内訳は、国の消費税が６.３％、地方消費税が１.７％です。正確にいいますと、「消費税」とは国の消費税６.３％のことをいいます。地方消費税と合わせて「消費税等」といいます。

　納税者の利便性などに配慮して、国の消費税と地方消費税の両方を計算した申告書を税務署に提出し納税する方法をとっているのです。申告書の審査や税務調査、徴税は税務署が一括して担当しています。

　地方消費税の１.７％分は、都道府県や市町村の自治体に人口、事業者数などの割合に応じて配分されています。ちなみに、平成２９年４月に税率が１０％になったときは、国の消費税は７.８％、地方消費税は２.２％の内訳になり、地方消費税のウェイトが若干増加することになります。なお、軽減税率が導入されたときの８％の内訳は、国の消費税は６.２４％、地方消費税は１.７６％の配分になるようです。申告書の計算がますます面倒なことになります。

（3）消費税の計算方法

　消費税の課税の基本的な仕組みは、「課税売上」の消費税から「課税仕入れ」の消費税を差し引いた差額を納税するものです。国の消費税と地方消費税は分けて、それぞれを別々に計算します。

　まず、国の消費税６.３％分は次のように計算します。

①「課税売上」の消費税は、「課税売上高」から「免税売上高」を除いた「課税標準額」に６.３％を掛けます。
②「課税仕入れ」の消費税は、消費税を含めた「課税仕入高」を１０８％で割り、６.３％を掛けます。
③「課税売上」の消費税から「課税仕入れ」の消費税を差し引きます。

つまり、計算式は、
　「課税標準額」×６.３％－税込みの「課税仕入高」÷１０８％×６.３％＝国の消費税

となります。「課税売上高」には「免税売上高」が含まれていますので、消費税の計算をするうえでは、前記①の「課税売上高」から「免税売上高」の金額を差し引かなければなりません。なぜならば、「免税売上高」には消費税が含まれていないからです。

　「課税売上高」から「免税売上高」の金額を差し引いた金額のことを、「課税標準額」といいます。確定申告書の計算では千円未満を切り捨てした金額です。したがって、「課税売上」の消費税は、「課税標準額」に６.３％を掛けるということになります。

　前記②の「課税仕入れ」とは、取引先からの資産の譲り受け、資産の借り受け、役務の提供を受けることのうち、消費税が課税される取引をいいます。すなわち、取引先からみた場合の資産の譲渡、資産の貸付け、役務の提供の裏返しの取引ということになります。取引先が免税事業者や消費者であっても、「課税仕入れ」に含めることができます。取引金額は消費税込みの金額とみなされます。

　前記②の「課税仕入れ」の消費税の計算では、消費税を含め

た「課税仕入高」を使います。そのため、１０８％で割って消費税抜きの金額に引き直さなければなりません。消費税抜きの金額で決算を組んでいる事業者にとっては、めんどうな二度手間ということになります。消費税法では、取引金額は消費税込みの金額を基本とする考え方、すなわち「総額主義」の考え方が根底にあるためであるといわれています。

このようにして、前記③の国の消費税６.３％分の計算を行います。

つぎに、地方消費税１.７％分は次のように計算します。

消費税の計算方法

④ 前記③で求めた国の消費税を6.3％で割り、1.7％を掛けます。計算式は、

国の消費税（6.3％）÷6.3％×1.7％＝地方消費税
となります。地方消費税は、国の消費税をもとにして計算するわけです。なお、地方消費税のことを譲渡割ともいいます。

そして、国の消費税と地方消費税の合計が、8％の消費税納税額になります。

１０．控除税額の計算

　消費税の課税の基本的な仕組みは、事業者が売上などで受け取った消費税から、仕入れなどで支払った消費税を差し引いて、その差額を納税するというものです。支払った消費税のうち差し引くことができる消費税のことを、「仕入控除税額」といいます。

　「仕入控除税額」の計算方法には、一般課税と簡易課税の２つの方法があります。一般課税は、「課税売上」にかかる消費税額から、「課税仕入れ」にかかる消費税額、つまり、「仕入控除税額」を差し引いて、消費税の納税額を計算する原則的な方法です。

　「仕入控除税額」は、基本的に、仕入れなどで支払った消費税をそのまま全額差し引くことができず、一部分が制限されています。

　たとえば、不動産販売会社が土地と建物を販売した場合、土地販売という「非課税売上」と建物販売という「課税売上」が計上されます。一方、原価や販売経費などには土地造成費、建物購入費、土地と建物の販売促進費や事務経費などの「課税仕入れ」が計上されます。

　「課税仕入れ」には土地販売にかかる土地造成費や販売促進費などの費用が含まれていますが、「仕入控除税額」では土地販売にかかる費用の消費税が除かれますので、差し引くことができません。すなわち、「非課税売上」のためにかかる「課税仕入れ」の消費税は、「仕入控除税額」から除かれるのです。いいかたを変えれば、「課税売上」のためにかかる「課税仕入れ」

の消費税だけが、「仕入控除税額」になるということです。

この理由は、「非課税売上」というのは取引先の事業者や消費者に消費税を転嫁しないのであるから、その「非課税売上」のためにかかった「課税仕入れ」の消費税は控除することが認められないという、消費税の基本的な考え方に基づくものであるとされています。

(1) 課税売上割合

「仕入控除税額」の計算をするには、「課税仕入れ」で支払った消費税を、「課税売上」にかかる部分と「非課税売上」にかかる部分に区分する必要があります。区分するときに「課税売上割合」が使われます。

「課税売上割合」とは、課税期間中の「課税売上高」の総売上高に占める割合をいいます。計算式は、

　課税売上割合＝課税売上高÷総売上高

となります。課税期間は当年や当年度の期間をいい、前々年や前々年度の基準期間ではありません。

「課税売上高」は、課税対象になる資産の譲渡、資産の貸付け、役務の提供の合計金額で消費税抜きの金額に、輸出の免税売上高を加えた金額をいいます。

総売上高は、「課税売上高」と「非課税売上高」の合計金額をいい、消費税抜きの金額です。「非課税売上高」のうち、株式などの譲渡金額は５％部分だけを計上することができます。

なお、「不課税」取引や一部の特定の金銭債権などは、「課税売上割合」の課税売上高や総売上高、つまり分母分子のいずれにも含まれません。

（2）個別対応方式

「課税仕入れ」で支払った消費税を、「課税売上」にかかる部分と「非課税売上」にかかる部分に区分する方法には、個別対応方式と一括比例配分方式の2つがあります。

個別対応方式は、「課税仕入れ」で支払った消費税をつぎの3つの区分に分類します。

① 「課税売上」のためにかかる部分を、課税売上にのみ要する消費税といいます。

② 「非課税売上」のためにかかる部分を、非課税売上にのみ要する消費税といいます。

③ 「課税売上」と「非課税売上」に共通するもの、または区分できない場合は、共通して要する消費税といいます。

共通して要する消費税は、「課税売上割合」を使って「課税売上」のためにかかる部分と「非課税売上」のためにかかる部分に配分します。

したがって、「仕入控除税額」は、①の課税売上にのみ要する消費税と、③の共通して要する消費税のうち「課税売上」のためにかかる部分に配分された消費税の合計税額になります。計算式は、

　仕入控除税額＝①の課税売上にのみ要する消費税
　　　　　　　＋③の共通して要する消費税×課税売上割合

となります。

残りの②の非課税売上にのみ要する消費税と、③の共通して要する消費税のうち「非課税売上」のためにかかる部分に配分された消費税の合計税額は、「仕入控除税額」になりませんので差し引くことができません。これを「控除対象外消費税額」

といいます。

　たとえば、先ほどの不動産販売会社のケースでは、建物購入費の消費税が①の課税売上にのみ要する消費税で、土地と建物の販売促進費や事務経費などの消費税が③の共通して要する消費税となります。仮に「課税売上割合」が６０％であるとすると、販売促進費や事務経費などの「課税仕入れ」の消費税の６０％分と、建物購入費の消費税全額の合計税額が「仕入控除税額」になります。

　残りの土地造成費の消費税は②の非課税売上にのみ要する消費税で、販売促進費や事務経費などの消費税の４０％部分とあわせて、仕入控除ができません。仕入控除ができない消費税である控除対象外消費税額は課税事業者の決算上、費用科目に計上することができますが、一定の場合には資産科目に計上しなければなりません。

　このような個別対応方式が「仕入控除税額」の計算の基本的な方法になります。

　なお、工場跡地を臨時に売却したような場合に「課税売上割合」が一時的に小さくなるケースや、「課税売上割合」が事業内容の実態と大きくかけ離れている場合には、税務署の承認を受けて「課税売上割合に準ずる割合」を採用することができます。３年間の平均課税売上割合、事業単位などのセグメント別の従業員数や床面積などに応じた割合で計算することができ、個別対応方式にだけ認められています。

(3) 一括比例配分方式

「課税仕入れ」で支払った消費税を、「課税売上」のためにかかる部分と「非課税売上」のためにかかる部分に区分する方法に、一括比例配分方式というもう一つの方法があります。

一括比例配分方式とは、「課税仕入れ」で支払った消費税の全額を「課税売上割合」によって、「課税売上」のためにかかる部分と「非課税売上」のためにかかる部分の消費税に区分する方法です。「課税仕入れ」で支払った消費税に「課税売上割合」を掛けた金額が、「仕入控除税額」になります。
計算式は、

　　仕入控除税額＝課税仕入れにかかる消費税×課税売上割合
となります。

したがって、「課税仕入れ」で支払った消費税を、個別対応方式のように３つに分類する必要がありませんので、簡便的な方法です。

個別対応方式と一括比例配分方式は、税務署への届け出なしで選択して採用できますが、一括比例配分方式を選択した場合には、２年間継続して適用した後でなければ個別対応方式に変更することができませんので、注意が必要です。

(4) 全額仕入控除できる場合

「仕入控除税額」は、基本的に、「課税仕入れ」で支払った消費税をそのまま全額差し引くことができず一部分が制限されますが、例外として、「課税仕入れ」の消費税を全額仕入控除することができるケースがあります。式であらわすと、

　　仕入控除税額＝課税仕入れにかかる消費税×１００％

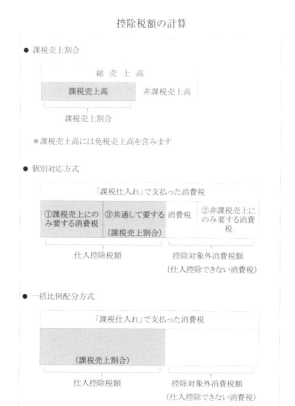

控除税額の計算

となります。課税期間の「課税売上高」が5億円以下で、「課税売上割合」が95％以上の課税事業者は、「課税仕入れ」の消費税を全額仕入控除することができます。すなわち、当年や当年度の課税期間中の免税売上高を含む「課税売上高」が5億円以下である中小の課税事業者は、「課税売上割合」が95％以上であれば「課税売上割合」を100％とみなして、「課税

仕入れ」の消費税を全額仕入控除することができるわけです。

したがって、課税期間の「課税売上高」が5億円を超える課税事業者や、「課税売上割合」が95％未満の課税事業者は、個別対応方式か一括比例配分方式で「仕入控除税額」を計算しなければなりません。このような制度のことを、95％ルールといいます。

(5) 帳簿等の保存義務

消費税では、「課税仕入れ」の消費税を仕入控除するためには、「課税仕入れ」の事実を証明する請求書などと、その取引の事実を記載した帳簿の両方とも、7年間保存しなければならないと定めています。請求書などと帳簿の両方の保存がない場合には、基本的に「仕入控除」が認められないとされています。

すなわち、請求書などの保存がないか、または帳簿に記載がない「課税仕入れ」の取引は、その消費税を差し引くことができないことになります。なお、保存や記載があっても、取引内容が虚偽や架空などの不正取引の場合には、取引の事実を証明するものではありませんので、「仕入控除」は認められません。このように、所得税や法人税の青色申告制度よりもかなり厳しい内容になっています。

11．簡易課税制度

　消費税の課税の基本的な仕組みは、事業者が売上などで受け取った消費税から、仕入れなどで支払った消費税を差し引いて、その差額を納税するというものです。「課税仕入れ」にかかる消費税を差し引く計算方法として、個別対応方式、一括比例配分方式や全額控除する方法があり、これらの計算方法は一般課税と呼ばれています。

　これに対して、簡易課税とは、「課税仕入れ」にかかる消費税を「課税売上高」から計算して求めるという簡単な方法です。具体的には、課税期間中の「課税標準額」に対する消費税額に、「みなし仕入率」を掛けて計算した金額が「仕入控除税額」にみなされます。
計算式は、
　仕入控除税額＝課税標準額に対する消費税額×みなし仕入率
となります。

　なお、簡易課税を採用した場合には、実際に支払った消費税の金額は関係ありませんので、請求書、帳簿等の保存義務が適用されません。

（1）簡易課税の選択
　簡易課税は一般課税とどちらかを選択して採用することができますが、簡易課税を選択するには次の2つの条件を満たしている必要があります。
①前々年または前々年度である「基準期間」の「課税売上高」が、
　5,000万円以下であること。

②あらかじめ届出書を税務署に提出していること。

「消費税簡易課税制度選択届出書」という届出書を、基本的に、採用する「課税期間」の開始日の前日までに提出しなければなりません。簡易課税を採用した場合には、少なくとも2年間継続して適用した後でなければ止めることができません。適用を止めるときは、あらかじめ「消費税簡易課税制度選択不適用届出書」を提出しなければなりません。

なお、選択届出書を提出していても、前記①の条件を満たさなくなったとき、すなわち、「基準期間」の「課税売上高」が5,000万円を超えたときには、選択不適用届出書を提出していなくとも、自動的に簡易課税を採用することができなくなり、一般課税で計算することになります。

簡易課税を採用している課税事業者が免税事業者になったときでも、選択届出書は失効しませんので、再び課税事業者になったときには簡易課税を適用しなくてはなりません。

(2) みなし仕入率

みなし仕入率とは、簡易課税を適用して「仕入控除税額」を計算するときに使われる、売上に対する仕入の割合をいいます。

みなし仕入率は、業種別に6つの事業に区分して定められています。事業区分は、基本的に、総務省が定めた日本標準産業分類に基づいて区分していますが、消費税が独自に定めた事業区分が数多くありますので、事業区分の判定はとても複雑になっています。

事業区分とみなし仕入率は次のとおりです。
①卸売業は、事業区分が第一種事業で、みなし仕入率は90％

②小売業は、事業区分が第二種事業で、みなし仕入率は８０％
③農林漁業、製造業、建設業などは、事業区分が第三種事業で、みなし仕入率は７０％
④飲食店業などは、事業区分が第四種事業で、みなし仕入率は６０％
⑤運輸通信業、金融業、サービス業などは、事業区分が第五種事業で、みなし仕入率は５０％
⑥不動産業は、事業区分が第六種事業で、みなし仕入率は４０％
このように基本的に定められています。

事業区分はさらに次のように判定されます。

パンや豆腐などの食品製造小売業、洋服の仕立て小売業などの製造小売業は、製造業などの第三種事業になります。原材料や製品の無償支給を受けて加工を行い、加工賃などを受け取る製造業などは、第四種事業になります。自己使用の固定資産などの売却は、事業者の業種に関係なく第四種事業になります。機械器具などの修理業は、第五種事業になります。第一種事業から第六種事業のいずれにも該当しない事業は、第四種事業になります。

これらの判定以外にも、業種業態に応じたケース・バイ・ケースの判定がありますので、注意が必要です。

（3）仕入控除税額の計算

仕入控除税額の計算方法は、事業区分が一つの専業であるか、二つ以上の兼業であるかによって、次のとおりになります。
①事業区分が一つ
　第一種事業から第六種事業のうち、一つの事業のみを行う事

業者は、「課税標準額」の消費税額に、該当する事業区分の「みなし仕入率」を掛けた金額が、「仕入控除税額」になります。

たとえば、第二種事業に判定される小売業者の課税期間の「課税標準額」が２，０００万円のケースでは、「みなし仕入率」が８０％ですので、「仕入控除税額」は、

２，０００万円×６．３％×８０％＝１００．８万円

となります。したがって、国の消費税の納税額は、「課税標準額」の消費税額から「仕入控除税額」を差し引きますので、

２，０００万円×６．３％－１００．８万円＝２５．２万円

となります。消費税の納税額は、国の消費税と地方消費税を分けて計算しますので、税率は国の消費税６．３％を使用します。ちなみに地方消費税は、

２５．２万円÷６．３％×１．７％＝６．８万円

となります。

②事業区分が二つ以上

第一種事業から第六種事業のうち、二つ以上の事業を行う事業者は、「課税標準額」の消費税額に、各種事業の「みなし仕入率」を加重平均した「みなし仕入率」を掛けて求めた金額が、「仕入控除税額」になります。

たとえば、第二種事業に判定される事業の「課税標準額」が２，０００万円で、第四種事業に判定される事業の「課税標準額」が１，０００万円である兼業事業者のケースでは、「みなし仕入率」が８０％と６０％ですので、

「課税標準額」の消費税額

＝（２，０００万円＋１，０００万円）×６．３％＝１８９万円

各種事業にかかる消費税額にそれぞれの「みなし仕入率」を

掛けた金額を合計した金額は、

（2,000万円×6.3%×80%）＋（1,000万円×6.3%×60%）＝138.6万円

各種事業にかかる消費税額を合計した金額は、

（2,000万円×6.3%）＋（1,000万円×6.3%）＝189万円

「仕入控除税額」は、

189万円×138.6万円÷189万円＝138.6万円

となります。なお、この計算例では端数処理がありませんので、「仕入控除税額」と「みなし仕入率」を掛けたものを合計した金額が同じ金額になっています。

したがって、国の消費税の納税額は

189万円－138.6万円＝50.4万円

となります。

③事業区分が二つ以上の例外計算

　二つ以上の事業を行う事業者で、うち一つの事業区分の「課税売上高」が全体の75％以上であるときは、その事業区分の「みなし仕入率」を、他の事業区分も含めて全体の「課税売上高」に適用することができます。第1の「75％ルール」とも呼ばれています。

　たとえば、第一種事業に判定される事業の「課税売上高」が2,000万円で、第二種事業に判定される事業の「課税売上高」が600万円である兼業事業者のケースでは、第一種事業の割合がおおよそ77％で75％以上ですから、第二種事業も含めた合計2,600万円について第一種事業の「みなし仕入率」90％を適用することができます。すなわち、前記①の事

業区分が一つの場合と同じ計算ができることになります。

ただし、「課税売上高」が全体の７５％以上の事業区分が、他の事業区分より「みなし仕入率」が低いときには、「７５％ルール」を適用すべきではありません。

たとえば、第一種事業の「課税売上高」が６００万円、第二種事業の「課税売上高」が２，０００万円とすると、第二種事業の割合が７５％以上になり「みなし仕入率」８０％が、全体の「課税売上高」に適用されますので、「仕入控除税額」が少なくなってしまいます。この場合は、「７５％ルール」を適用しないで、前記②の原則的な方法で計算すべきです。

④事業区分が三つ以上の例外計算

三つ以上の事業を行う事業者で、うち１番目と２番目の事業区分の「課税売上高」の合計が全体の７５％以上であるときは、１番目と２番目の事業区分のうち「みなし仕入率」が高い方にはその事業区分の「みなし仕入率」を適用し、他の事業区分については、１番目と２番目の事業区分のうちで低い方の「みなし仕入率」を３番目以降の事業区分を含めた事業区分に適用することができます。第２の「７５％ルール」とも呼ばれています。

たとえば、第二種事業に判定される事業の「課税売上高」が２，０００万円で、第四種事業に判定される事業の「課税売上高」が６００万円、第六種事業に判定される事業の「課税売上高」が４００万円、合計「課税売上高」が３，０００万円である兼業事業者のケースでは、第二種事業と第四種事業の「課税売上高」の合計が全体の７５％以上ですから、「みなし仕入率」が高い方の第二種事業の「課税売上高」２，０００万円に８０％を適用し、低い方の第四種事業の「みなし仕入率」６０％を第

四種事業の「課税売上高」６００万円と第六種事業の４００万円に適用することができます。

ただし、「課税売上高」が全体の７５％以上の事業区分が、他の事業区分より「みなし仕入率」が低いときには、第２の「７５％ルール」を適用すべきではありません。前記②や③によって計算した「仕入控除税額」が最も多い計算方法を選択すべきです。

なお、これらの計算方法は承認や届出の必要はなく、課税期間ごとに任意に選択できます。

⑤事業区分を区分していない場合

二つ以上の事業を行う事業者は、事業区分別に「課税売上高」を区分することになっていますが、区分をしていない場合は、該当する事業区分のうち最も低い「みなし仕入率」を適用して、「仕入控除税額」を計算することになります。

たとえば、第二種事業、第四種事業、第六種事業の３事業区分に該当する事業を兼業する事業者が、それぞれの事業区分別に「課税売上高」を区分していない場合には、３事業区分のうち最も低い「みなし仕入率」である第六種事業の４０％が、全体の「課税売上高」に適用されることになります。

（４）返品、値引き、貸倒れがあった場合

①売上を計上した後に、売上返品を受けたり、値引きや割引などをすることがあります。

売上の経理方法が総売上と売上返品などを両建てで計上する総額主義を採用しているケースや、売上返品などが翌年以降、翌事業年度以降になって発生するケースでは、通常、売上返

消費税は2％がいい 123

簡易課税制度

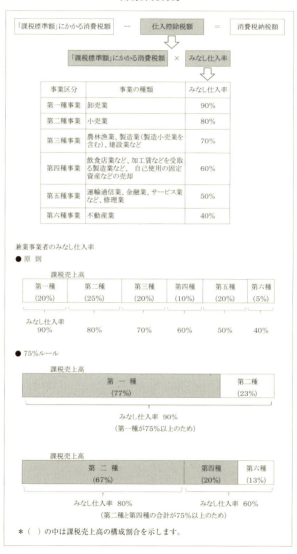

* （ ）の中は課税売上高の構成割合を示します。

品などが後日発生しても売上金額を修正しないで、売上返品などが発生した年や年度に売上返品などの金額を差し引く処理を行います。

　簡易課税では、「仕入控除税額」の計算を「課税売上高」をもとにして行います。後日に売上返品を受けたり、値引きや割引をした場合、発生した年の売上返品などにかかる消費税を、その年の「課税売上」にかかる消費税から差し引く必要があります。売上返品などにかかる消費税額の計算式は、次のとおりです。

　　税込の売上返品などの金額÷１０８％×６．３％
　　＝売上返品などにかかる消費税額

この売上返品などにかかる消費税額を、「仕入控除税額」と同じように「課税売上」にかかる消費税から差し引きます。

②また、売上を計上した後に、売上代金が回収できなくなり貸倒れになることがあります。

　貸倒れは翌年以降、翌事業年度以降になって発生することがほとんどですので、貸倒れが後日発生しても売上金額を修正しないで、貸倒れが発生した年にその金額を差し引く処理を行います。売上返品などの場合と同じように、貸倒れが発生した年の貸倒れにかかる消費税を、その年の「課税売上」にかかる消費税から差し引く必要があります。貸倒れにかかる消費税額の計算式は、次のとおりです。

　　税込の貸倒れの金額÷１０８％×６．３％
　　＝貸倒れにかかる消費税額

　貸倒れにかかる消費税額を、「仕入控除税額」や売上返品などにかかる消費税額と同じように「課税売上」にかかる消

費税から差し引きます。

　また、貸倒れにかかる消費税額を「課税売上」にかかる消費税から差し引いた後になって、貸倒れ金額の一部を回収することができた場合には、その消費税額を「課税売上」にかかる消費税に加えてやらなければなりません。

　なお、消費税の貸倒れとは、売掛金などの消費税が含まれている債権が対象になり、貸付金などの消費税が含まれていない債権は対象にはなりませんので、注意が必要です。貸倒引当金は貸倒れそのものではありませんので対象にはなりません。

③以上のように、返品、値引き、貸倒れがあった場合は、総額主義を採用しているケースや、発生したときが翌年以降、翌事業年度以降にまたがるケースでは、売上返品などにかかる消費税と貸倒れにかかる消費税額を、「仕入控除税額」と同じように「課税売上」にかかる消費税から差し引くことができます。

このような、売上返品などにかかる消費税と貸倒れにかかる消費税額の計算は、簡易課税だけでなく一般課税においても、同じように計算されます。

なお、貸倒れにかかる消費税額の計算については、所得税や法人税での貸倒損失と同じような取り扱いがされます。そこで貸倒損失を計上する時期をめぐって、しばしばトラブルになっているケースがありますので、注意が必要です。

　貸倒損失を計上する時期は次のとおりです。
（ｉ）会社更生法、民事再生法などに基づく認可決定による債権切り捨てなどがあったときに計上できます。これを法

律上の貸倒れといいます。
(ⅱ) 債務者の支払能力などからみて、債権全額を回収できないことが明らかになったときに計上できます。これを事実上の貸倒れといいます。
(ⅲ) 債務者との取引停止後1年以上経過したとき、または少額の売掛債権で催促しても支払いがないときに計上できます。これを形式上の貸倒れといいます。

　所得税や法人税では、このように貸倒損失を計上できる時期が明確に定められています。したがって、不良債権を早期に処分したいとか、黒字決算で資金の余裕があるときに処分したいなどの理由で、任意の時期に貸倒損失を計上することはできません。消費税も同じです。

１２．消費税の申告

　課税期間の前々年、前々事業年度である基準期間の「課税売上高」が１，０００万円を超える事業者などは課税事業者になり、消費税の申告と納税を行わなければなりません。

　消費税の申告は、消費税の基本的な仕組みである、「課税売上」にかかる消費税から「課税仕入れ」にかかる消費税を差し引いた差額を計算して、納税額を求めます。「課税仕入れ」にかかる消費税の計算方法には、一般課税と簡易課税があり、小規模事業者などは有利な方法を選択することができます。納税額は、国の消費税と地方消費税を分けて計算します。

（１）確定申告

　課税事業者は、その課税期間の「課税売上」にかかる消費税、「課税仕入れ」にかかる消費税、納税額などを計算した内容を、消費税の確定申告書に記載して、税務署に提出しなければなりません。地方消費税の計算内容は国の消費税と同じ確定申告書に記載して、地方自治体ではなく税務署に提出します。

　確定申告書の提出期限は、基本的に、個人事業者はその課税期間の翌年３月３１日まで、法人はその課税期間の末日の翌日から２カ月以内となっています。つまり、３月決算法人であれば５月３１日が提出期限になります。なお、法人税の申告書提出期限の延長承認を受けている法人であっても、消費税の提出期限は２カ月以内ですので、注意をしなければなりません。

　また、課税期間を短縮する特例を適用している課税事業者は、１カ月の課税期間の特例では各期間の末日の翌日から２カ

月以内が提出期限となっていますが、個人事業者の12月分は翌年の3月31日です。3カ月の課税期間の特例では3カ月単位の課税期間の末日の翌日から2カ月以内ですが、個人事業者の10月から12月分の課税期間は翌年の3月31日となっています。課税期間を短縮する特例を適用した場合には、2年間以上継続した後でなければ、適用を止めたり変更することはできません。

　なお、課税事業者であっても、その課税期間の「課税売上高」がなく納税額もないときには、確定申告書を提出する必要がありません。ただし、「課税売上高」がなくても「課税仕入れ」にかかる消費税の還付を受けるケースや、「課税売上高」のうち輸出免税の適用を受けられる取引があれば、還付申告をすることもできます。しかし、基準期間の「課税売上高」が1,000万円以下の免税事業者は、基本的に還付申告をすることができませんので注意をしなければなりません。

（2）中間申告

　課税事業者の直前の課税期間の消費税納税額が一定金額以上の場合には、中間申告書を税務署に提出し、中間納付税額を納税しなければなりません。すなわち、確定申告で納税する消費税の一部を前払いしなければならない制度です。

　直前の課税期間の消費税納税額とは、前年または前事業年度の課税期間における国の消費税6.3％分の納税額をいいます。つまり、地方消費税が含まれない納税額です。基本的に、この納税額が48万円を超える場合には、中間申告を年1回行ない、直前の課税期間の消費税納税額の2分の1を納税しなければな

りません。さらに、直前の納税額が４００万円を超える場合には、中間申告を年３回行ない、直前の課税期間の消費税納税額の４分の１を、４，８００万円を超える場合には、中間申告を年１１回行ない、直前の課税期間の消費税納税額の１２分の１を、それぞれ納税しなければなりません。

　また、直前の課税期間の消費税納税額によらずに、その課税期間の実績に基づいて中間申告を行うことを、選択することができます。すなわち、その課税期間の各中間申告の対象期間について、実績に基づいて仮決算を組んで、その計算結果によって中間申告を行うことができます。ただし、仮決算の計算結果がマイナスになったとしても、消費税の還付を受けることはできません。この仮決算による中間申告は、前年または前事業年度の業績は良かったが、当年または当事業年度の業績が悪化したようなケースでは、選択するメリットがあります。

　なお、直前の課税期間の消費税納税額が４８万円以下の課税事業者であっても、年１回の中間申告を自主的に行うことができます。

　また、１カ月単位または３カ月単位の課税期間を短縮する特例を適用している課税事業者は、中間申告を行う必要はありません。

　中間申告書の提出期限は、基本的に、各中間申告の対象期間の末日の翌日から２カ月以内です。中間納付税額の納税期限も同じく２カ月以内です。中間申告を年１１回行う課税事業者は、毎月行わなければならないことになりますので、課税期間のはじめの１カ月から２カ月については、申告期限の例外があります。

仮決算による中間申告は、かならず期限内に提出しなければなりません。もし、提出期限に遅れた場合には、仮決算による中間申告は認められなくなり、直前の課税期間の消費税納税額による中間納税額を納税しなければなりません。

　以上のようにして、中間申告書の提出と中間納税額の納税が行われます。そして、確定申告のときに、その課税期間中における消費税納税額から中間納税額を差し引いた差額を納税します。反対に、中間納税額の方が多い場合には、差額が還付されます。すなわち、確定申告によって中間納税額が精算されることになります。

（3）納税地

　確定申告書や中間申告書の提出先は、課税事業者の納税地を担当する税務署です。納税地とは、基本的に、個人事業者では住所地をいいます。住所地がないときは居所地、住所地も居所地もないときには事務所などの所在地をいいます。いずれかを選択した場所を納税地とすることもできます。

　法人では、本店の所在地、または主たる事務所の所在地をいいます。外国法人は日本にある事務所などの所在地をいいます。国税局などが納税地を指定する場合もあります。このような納税地の取り扱いは、所得税や法人税と基本的に同じになっています。

13. 国、地方公共団体の特例

　国や地方公共団体の事業活動のなかには、消費税が課税される事業を行なっていることがあります。たとえば、上下水道事業、地下鉄や路線バス事業、博物館や動物園運営などの公共性の高い事業があります。また、公共法人や公益法人などが行う収益事業についても、消費税が課税される事業が含まれています。消費税は、個人事業者や法人と同じように国や地方公共団体などについても、消費税が課税される資産の譲渡、資産の貸付け、役務の提供に対して、基本的に納税義務者になるとしています。

　しかし、国や地方公共団体などの事業活動は公共性が高く、事業の財源は税金や補助金が使われているという、民間企業とは異なる事情があるため、消費税ではいくつかの例外規定が設けられています。

（1）会計単位などの特例

　国や地方公共団体の会計単位は、一般会計と特別会計に分けられています。さらに、特別会計は事業活動の内容に応じていくつかの会計単位に分けられています。消費税では、基本的に、一般会計といくつかの特別会計ごとの会計単位を、それぞれ一つの法人とみなしています。すなわち、各会計単位別に納税義務者になり、消費税の計算を行うことになります。

　また、一般会計の歳入や歳出を計上する時期は、すべて会計年度の末日、つまり3月31日とされています。民間企業では、売上や仕入れなどの計上時期は、いわゆる発生主義によってい

ますが、ここが大きく違うところです。

　もう一つの大きく違う点は、一般会計の消費税計算について、その課税期間の課税標準額に対する消費税額と、仕入控除税額の差し引く消費税額が同一額とみなされることです。したがって、国や地方公共団体の一般会計は、消費税の納税額がつねにゼロとなるので、確定申告をする必要がありません。

　国や地方公共団体の特別会計、公共法人などが、消費税の課税事業者になる場合には確定申告を行わなければなりませんが、申告期限と納税期限はその課税期間の末日の翌日から3カ月以内、ないしは6カ月以内とゆるやかに定められています。

(2) 仕入控除税額の特例

　消費税の課税の基本的な仕組みは、「課税売上」にかかる消費税から「課税仕入れ」にかかる消費税を差し引いた差額を納税するというものです。

　国や地方公共団体の特別会計、公共法人、公益法人などの課税事業者は、一般課税を採用している場合に、「課税仕入れ」にかかる消費税の一部を仕入控除税額として差し引きできないケースがあります。国や地方公共団体の特別会計、公共法人、公益法人などは、税金、補助金、寄付金、会費などの収入を主な財源として事業活動を行っています。したがって、税金などの対価性がない「不課税売上」が主な収入であるので、事業活動に伴って生じる「課税仕入れ」は、消費者の立場で行った取引と同じであるとの考え方から、仕入控除税額を例外的に制限するというものです。

　具体的には、その課税期間の特定収入割合が5％を超える場

合に、仕入控除税額が制限されます。特定収入とは、税金、補助金、寄付金、会費などの収入で、対価性がない収入のうち特定の収入をいいます。特定収入割合とは、その課税期間の特定収入金額の、課税売上、免税売上、非課税売上および特定収入金額の合計額に対する割合をいいます。

すなわち、その課税期間の特定収入割合が5％を超える課税事業者は、「課税仕入れ」の消費税から特定収入のためにかかる「課税仕入れ」の消費税を差し引いた金額が、基本的に仕入控除税額となります。したがって、特定収入のためにかかる「課税仕入れ」の消費税分の金額だけ、納税金額が増えることになるわけです。

このように、国や地方公共団体の特別会計などの消費税については、複雑でわかりにくい例外規定が定められています。

14．総額表示

　商品などの販売業者やサービス業者などは、商品やサービスの価格を値札、チラシ広告などで消費者に表示しています。消費税では、課税事業者が商品やサービスの価格表示を消費者に対して行うときには、基本的に、消費税額を含めた税込価格を表示しなければならないと定めています。税込価格を表示することを総額表示といいます。

(1) 総額表示の義務
　消費税の課税事業者は、基本的に、消費者に対して資産の譲渡、資産の貸付け、役務の提供を行うときの価格を、総額表示で行わなければなりません。いわゆる、ＢｔｏＣの取引が総額表示の対象になっています。課税事業者が他の事業者に対して資産の譲渡などを行うときの価格は、総額表示の対象になっていません。いわゆる、ＢｔｏＢの取引は、消費税額を含めない税抜価格、含めた税込価格のどちらを表示してもかまいません。

　消費者に対する総額表示は次のように行います。価格表示の方法は、消費税額を含めた税込価格を必ず明示しなければなりません。税抜価格をあわせて表示することは差し支えありませんが、その価格が税抜価格であるか、税込価格であるかを、消費者がはっきりわかるように表示しなければなりません。

　また、価格表示をどこに行うかについては、たとえば、次のようなものがあります。
①値札、陳列棚、店内表示など

②商品パッケージなどに印刷、ラベルなどを貼付
③チラシ広告、パンフレット、カタログなど
④新聞雑誌、テレビ、ホームページなどの広告媒体
⑤ポスター、看板、広告塔など

なお、いわゆる100円ショップという看板は、店舗の名称であるとみられているので、総額表示の価格を表示しているものではありません。もちろん、商品の値札などには税込価格を表示しなければなりません。

(2) 総額表示の特例

消費税の税率が、5％から8％に引き上げられ、さらに10％に引き上げられますが、その際に消費税額を価格にスムーズに転嫁できるように、また、商品の値札などの貼り替え作業などの事務負担に配慮して、課税事業者の消費者に対する総額表示義務の例外が定められています。平成25年10月1日から5年間は、値札などの価格は税抜価格だけを表示することが認められて、税込価格を表示しなくてもいいことになりました。

ただし、値札などの表示価格や店内表示、レジなどに、税抜価格であることがはっきりとわかるように、消費者が税込価格と混乱しないようにすることが必要です。

１５．消費税の会計処理

　事業者が取引を行ったときには、売上や仕入れ、経費の支払いなどを会計処理しなければなりませんが、消費税が課税される取引では消費税額についても会計処理を行わなければなりません。消費税の会計処理の方法は、税込経理方式と税抜経理方式の２つの方法があります。

（１）税込経理方式

　税込経理方式とは、売上や仕入れ、経費の支払いなどの取引を、消費税額を含めた税込価格で会計処理する方法です。

　たとえば、商品を１，０００円で販売し消費税額８０円とともに、現金１，０８０円を受け取ったという取引を、税込経理方式で会計処理すると、資産勘定に「現金１，０８０円」、収入勘定に「売上１，０８０円」と仕訳処理して、会計帳簿に記載します。すなわち、売上は消費税額を含む金額を計上します。また、商品を８００円で仕入れ消費税額６４円とともに、現金８６４円を支払ったという取引では、費用勘定に「仕入８６４円」、資産勘定のマイナスに「現金８６４円」と仕訳処理して、会計帳簿に記載します。すなわち、仕入れも消費税額を含む金額を計上します。経費の支払いなどの取引も同様の処理を行います。

　（借方）現金１，０８０　　（貸方）売上１，０８０
　（借方）仕入　８６４　　（貸方）現金　８６４

　課税期間中の「課税売上」にかかる消費税、「課税仕入れ」にかかる消費税を集計した結果、納税する消費税額は租税公課

に計上します。反対に、還付を受ける消費税額は雑収入に計上します。

したがって、税込経理方式を採用した場合は、会計処理は比較的簡単ですが、決算書の金額は消費税額が含まれていて、実際よりも膨らんだ金額になってしまいます。

(2) 税抜経理方式

税抜経理方式とは、売上や仕入れ、経費の支払いなどの取引を、消費税を含めない税抜価格で会計処理する方法です。

たとえば、商品を1,000円で販売し消費税額80円とともに、現金1,080円を受け取ったという取引を、税抜経理方式で会計処理すると、資産勘定に「現金1,080円」、収入勘定に「売上1,000円」および負債勘定に「仮受消費税80円」と仕訳処理して、会計帳簿に記載します。すなわち、売上は消費税額を含まない金額を計上します。

また、商品を800円で仕入れ消費税額64円とともに、支払いを月末払いとした取引では、費用勘定に「仕入800円」および資産勘定に「仮払消費税64円」、負債勘定に「買掛金864円」と仕訳処理して、会計帳簿に記載します。すなわち、仕入れも消費税額を含まない金額を計上します。

消耗品を800円で購入し消費税額64円とともに、現金864円を支払ったという取引では、費用勘定に「消耗品費800円」および資産勘定に「仮払消費税64円」、資産勘定のマイナスに「現金864円」と仕訳処理して、会計帳簿に記載します。すなわち、消耗品費も消費税額を含まない金額を計上します。

（借方）現金　1,080　　（貸方）売上　1,000
　　　　　　　　　　　　　　　　仮受消費税80
　（借方）仕入　　　800　（貸方）買掛金　864
　　　　　仮払消費税64
　（借方）消耗品費800　　（貸方）現金　　864
　　　　　仮払消費税64

　なお、課税期間中の取引について、とりあえず税込経理方式で会計処理を行い、月末や期末に一括して税抜経理方式で会計処理を行うことも認められています。

　このように、税抜経理方式は、消費税が課税対象になる取引について、消費税額を切り離して「仮受消費税」と「仮払消費税」という勘定科目を使って会計処理を行います。

　そして、課税期間中の「仮受消費税」と「仮払消費税」をそれぞれ集計して、「仮受消費税」のほうが多ければその差額が納付税額になり、「仮払消費税」のほうが多ければその差額が還付税額になります。

　したがって、税抜経理方式を採用した場合は、会計処理はやや手間がかかりますが、決算書の金額は消費税額が含まれていませんので、損益金額には影響を与えていません。

　以上のように、税込経理方式と税抜経理方式の2つの方法がありますが、どちらを採用しても消費税の納付税額、または還付税額は同じ金額になります。課税事業者は2つの方式のどちらを選択してもかまいません。

　ただし、免税事業者は消費税の会計処理を行う必要がありませんので、税込経理方式を採用しなければなりません。なお、所得税や印紙税などでは、消費税の会計処理の方法にかかわら

ず、独自に判定するものがありますので注意が必要です。

(3) 控除対象外消費税額

　消費税の課税の基本的な仕組みは、「課税売上」にかかる消費税から「課税仕入れ」にかかる消費税を差し引いた差額を納税するというものですが、課税期間の「課税売上高」が5億円を超えるとき、または「課税売上割合」が95％未満になるときには、「課税仕入れ」にかかる消費税を全額差し引くことができず、一部分制限されます。つまり、「非課税売上」に対応する「課税仕入れ」にかかる消費税額は、仕入控除税額として差し引くことができません。

　控除対象外消費税額とは、仕入控除税額として差し引くことができない消費税額のことをいいます。控除対象外消費税額の会計処理は、消費税の計算で差し引くことができないので、基本的に、個人事業者では必要経費に計上し、法人では損金に計上することができます。ただし、次の条件すべてに当てはまる場合には、控除対象外消費税額をいったん資産科目に計上したうえで、60カ月間にわたって必要経費、または損金に計上することになります。

① 「課税売上割合」が80％未満である場合
② 棚卸資産や経費以外の「課税仕入れ」にかかる控除対象外消費税額
③ 個別の資産ごとの控除対象外消費税額が200,000円以上である場合

１６．リバースチャージ方式

　消費税の課税の基本的な仕組みは、「課税売上」にかかる消費税から「課税仕入れ」にかかる消費税を差し引いた差額を納税するというものです。そして、「課税売上」にかかる消費税は、資産の譲渡、資産の貸付け、役務の提供という取引のうち、消費税が課税対象になる取引の消費税をいいます。すなわち、消費税が課税になる資産の譲渡、資産の貸付け、役務の提供を行った事業者に対して、基本的に消費税の納税義務があるとしています。

（１）輸入取引

　輸入取引の場合は、外国貨物を保税地域から引き取るときに、引き取る事業者などに消費税の納税義務があるとされています。輸入貨物を引き取るという取引は、資産の譲り受けであり消費税の「課税仕入れ」に当たります。すなわち、輸入取引では、税関から「課税仕入れ」を行ったとみなして、税関に対して「課税仕入れ」にかかる消費税を支払うという制度を採用しています。輸入貨物を引き取る事業者などには、免税事業者や消費者も含まれています。

　輸入取引における消費税の納税義務の制度は、国内取引との課税の公平を図るために設けられた例外規定ですが、輸入貨物は税関で通関手続きを行わなければならないという通関制度があるので、適正な課税が維持できる規定であるともいえます。

（2）海外とのインターネット取引

インターネットを利用して、海外から電子書籍や音楽、ソフトウエアなどを購入する取引が、近年急増しています。このような海外との取引については、税関の通関制度の対象にならず、消費税は課税されていませんでした。

すなわち、外国の事業者からインターネットを利用して電子書籍などの配信を受けたときは、役務の提供を行った場所が外国であるため、消費税は「不課税」取引とされていました。一方、国内の事業者からインターネットで電子書籍などの配信を受けたときは、「課税」取引になりますので、不公平な課税制度になっていました。

①内外判定の見直し

インターネットを利用した電子書籍、音楽、ソフトウエアの配信などの役務の提供を「電気通信利用役務の提供」といいます。この役務の提供について、消費税が課税対象となる国内取引に当たるかどうかを判定する「内外判定」基準が、平成27年10月に改正されました。

すなわち、これまで役務の提供については、役務の提供を行う側の住所などの場所を基準にして、国内であるか国外であるかという判定を行っていましたが、「電気通信利用役務の提供」については、基本的に役務の提供を受ける側の住所などを基準にして、国内であるか国外であるかという判定を行うことになりました。

つまり、国内の事業者が、国外の事業者から電気通信利用役務の提供を受けたときは、国内取引に判定されて消費税が課税されるようになったわけです。

②電気通信利用役務の提供

電気通信利用役務の提供とは、対価を得て行われる次のような取引をいいます。

ⅰ）インターネットを利用して行われる電子書籍、音楽、映像、ソフトウエアの配信
ゲームなどのアプリケーションも含まれます。
ⅱ）クラウド上のソフトウエアやデータベースを利用させるサービス
ⅲ）クラウド上で電子データの保存場所の提供を行うサービス
ⅳ）インターネットを利用した広告の配信、掲載
ⅴ）インターネット上のショッピングサイト、オークションサイトを利用させるサービス
ⅵ）インターネット上でゲームソフトなどの販売場所を利用させるサービス

なお、次のような取引は電気通信利用役務の提供になりません。

ⅰ）電話、FAX、データ伝送、インターネット回線の利用などの通信
ⅱ）インターネットを利用してソフトウエアなどの著作物の制作依頼、成果物の受領など
ⅲ）インターネットを利用して海外資産の管理、運用、ネットバンキングなど

③リバースチャージ方式

国外の事業者が行う電気通信利用役務の提供のうち、「事業者向け電気通信利用役務の提供」については、役務の提供を受ける側の国内事業者に対して納税義務を課すことになりまし

た。この課税方式を「リバースチャージ方式」といいます。納税義務の転換という意味です。

　すなわち、「事業者向け電気通信利用役務の提供」を受けた国内事業者が、この取引について消費税の申告と納税を行わなければなりません。したがって、この役務の提供を受けた「課税仕入れ」の金額を、国内事業者の「課税売上」に加えた金額が課税標準額となります。また、この役務の提供を受けた「課税仕入れ」の金額は、基本的に仕入控除税額とすることができます。

　ただし、課税期間の課税売上割合が９５％以上のときや簡易課税適用のときには、当分の間、この役務の提供を受けた「課税仕入れ」はなかったとみなされて、リバースチャージ方式の対象にならず、課税標準額や仕入控除税額に含めて計算する必要がありません。つまり、課税標準額に対する消費税額と仕入控除税額が同じ金額であるとみなしているわけです。

　免税事業者や消費者も、リバースチャージ方式の対象になりません。

④「事業者向け電気通信利用役務の提供」以外の役務提供

　「事業者向け電気通信利用役務の提供」とは、取引当事者の間で役務提供の契約を個別に結ぶなど、役務提供の内容や取引条件などから、役務提供を受ける者が事業者に限定される電気通信利用役務の提供をいいます。

　一方で、「事業者向け電気通信利用役務の提供」以外の役務提供とは、役務提供を受ける者が事業者に限定されていない取引をいいます。すなわち、役務提供を受ける者が事業者や消費者などの不特定多数の者を対象にしている取引で、これを

「消費者向け電気通信利用役務の提供」ともいいます。

　「消費者向け電気通信利用役務の提供」の取引は、リバースチャージ方式が適用されず、役務の提供を行った国外の事業者が納税義務を負い、消費税の申告と納税を日本の税務署に行わなければなりません。このように、消費税の納税義務を負う国外の事業者については、登録制度を設けており、登録した国外の事業者には登録番号が与えられます。登録した国外の事業者は国税庁ホームページでも確認することができます。

　登録した国外の事業者から「消費者向け電気通信利用役務の提供」を受けた国内事業者は、その「課税仕入れ」にかかる消費税を基本的に仕入控除税額とすることができます。

　また、登録をしていない国外の事業者から「消費者向け電気通信利用役務の提供」を受けた国内事業者は、当分の間、その「課税仕入れ」にかかる消費税を仕入控除税額とすることができません。国内事業者の仕入控除税額を制限することによって、国外の事業者に登録を促す効果をねらったものと思われます。

　なお、免税事業者や消費者は、そもそも仕入控除税額とすることができません。

　以上のように、海外との電気通信利用役務の提供について、消費税の課税の大幅な見直しが行われましたが、今後、「事業者向け」と「消費者向け」の区分の判定や、登録した国外の事業者に対する課税権などをめぐる問題をどのように解決していくか懸念されますが、これまで課税できなかった海外とのインターネットを利用した取引を、課税できる枠組みに取り込んだという見直しは、完全ではありませんが大きな前進であると思われます。

⑤外国タレント等の国内興行

　外国の俳優、音楽家などのタレントやプロスポーツ選手などが、国内で公演や競技などの役務の提供を行ったときは、その役務提供を行った外国タレントなどに消費税の納税義務がありました。

　ところが、外国タレントなどが初めて来日した場合や数年に一度の来日の場合には、消費税を課税することができません。なぜならば、消費税に前々年の「課税売上高」を基準とする基準期間制度があるため、外国タレントなどが免税事業者になってしまうからです。

　そこで、このような役務の提供については、「リバースチャージ方式」を採用し、役務提供を受ける側の公演などの主催者である国内事業者に対して、消費税の納税義務を課すことにしました。すなわち、外国タレントなどの役務提供者から、役務提供を受ける国内事業者に納税義務を転換させて、消費税の申告と納税を行わせることにしました。この制度は平成28年4月から適用されます。

　したがって、外国タレントなどから役務の提供を受けた「課税仕入れ」の金額を、国内事業者の「課税売上」に加えた金額が課税標準額となります。また、この役務の提供を受けた「課税仕入れ」の金額は、基本的に仕入控除税額とすることができます。

　ただし、課税期間の課税売上割合が95％以上のときや簡易課税適用のときには、当分の間、この役務の提供を受けた「課税仕入れ」はなかったとみなされて、リバースチャージ方式の対象にならず、課税標準額や仕入控除税額に含めて計算する必

リバースチャージ方式

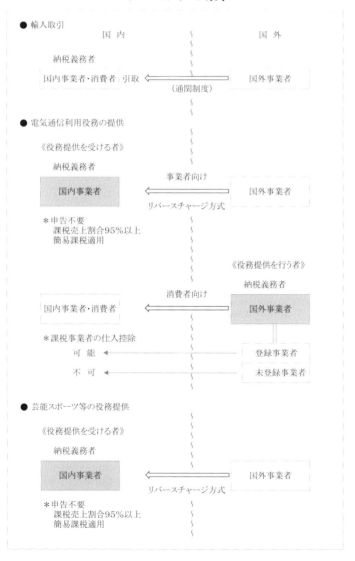

要がありません。つまり、課税標準額に対する消費税額と仕入控除税額が同じ金額であるとみなしているわけです。免税事業者や消費者も、リバースチャージ方式の対象になりません。

　このように、国内事業者が課税事業者であれば、外国タレントなどの国内興行について、消費税の課税もれの防止が図られることになりました。

第 四 部

1. 再び、消費税は２％がいい

　消費税の課税の仕組みとさまざま問題点について説明しましたが、問題点のほとんどが「課税仕入れ」に関係していることに気づかれたと思います。

　消費税では、「課税売上」の消費税から差し引くことができる「課税仕入れ」の消費税のことを「仕入控除税額」といいます。この「仕入控除税額」が消費税の益税、不正還付、課税もれやあいまいなグレーゾーンなどの温床になっているのです。

　そして、消費者が最終的にすべての消費税を負担していて、企業も同じような消費行動を行っているにもかかわらず、「仕入控除税額」があるため消費税を負担していないという不公平が生じているといえます。

　そこで、消費税の課税の基本的な仕組みを抜本的に改善して、税率は２％まで引き下げるという新しい消費税を提案したいと思います。

2．2％の新消費税

　国税庁が発表しているデータによりますと、平成25年度の法人営業収入は1,493兆円です。財務省発表の平成25年輸出総額は70兆円です。法人営業収入から輸出総額と、データがとれませんが消費税の「非課税」取引に相当する金額を差し引いた差額が、おおよそ1,400兆円であるとします。

　この金額を消費税の「課税」取引に相当する金額と推定することにします。なお、個人の営業収入の金額はデータがとれませんので、ここでは無視できるものとします。この「課税」取引に相当する金額1,400兆円に、消費税の税率2％を掛けた税額が28兆円となります。

　そして、企業にも消費税を負担してもらうことにするため、「仕入控除税額」を廃止することにします。こうすることで、益税や不正還付などのさまざまな「課税仕入れ」の問題点も解消することができます。

　したがって、税率2％の28兆円が新消費税の税金収入ということになります。ただし、消費税のうち国に入る部分の割合はおおよそ80％であり、残りの20％は地方自治体の部分となっていますので、国に入る新消費税の税収は28兆円の80％でおよそ22兆円という試算になります。平成27年度歳入の消費税予算額17兆円と比べますと、税率2％でも大幅に増収できることになるのです。

3．デメリットは

　このように改正した場合にはもちろんデメリットがあると思います。生産者から卸売業者、小売業者、消費者へとわたる流通過程で、税の累積課税が行われます。中間マージンを得る目的で流通過程を多くしたり、消費者にわかりにくい複雑な流通経路をとっている業界では、8％を超える累積課税になることも想定されます。

　しかしながら、無駄な流通過程をなくすることができれば、消費者にとって大きなメリットが期待できます。たとえば、農家が採れた野菜を道の駅などで消費者に直売したり、農家や漁師が農協やせり市場を通さずに小売店や飲食店に販売すれば、新鮮で安い食材を手に入れることができます。インターネットで健康食品や化粧品などを消費者が生産者から直接購入することもできます。

　このように流通過程が短縮されれば、消費者にとって消費税の負担は軽くなり、デメリットではなくメリットに変わってくるのではないかと思われます。

　また、消費税の累積課税という問題については、今の消費税でも「非課税」取引に含まれている「課税仕入れ」の消費税は、基本的に「仕入控除税額」が制限されて実質的に差し引きできない制度があったり、酒税やガソリン税などの個別消費税との間に二重課税の制度があります。企業では同じように2％の消費税をコストとして処理すればよいのではないかと思われます。

　2％のコストアップであれば、個別消費税の負担よりはるか

に小さく、企業の経営努力によってカバーできる範囲内であると思われます。事実、企業はこれまでも何度かの増税を乗り越えてきた知恵があるのですから。

　国際的な競争力が弱まるという指摘については、輸出にはゼロ税率が採用されており、流通の垂直的統合を図るなど流通過程をできるだけ短縮したうえで、技術力をいかした付加価値の高い商品やサービスを提供することによって、競争力は十分に維持できると思われます。

4．メリットは

　企業の売上や収入の金額だけで消費税の税額が計算できますので、とても簡単で明瞭な制度になります。付加価値税にまつわる軽減税率やインボイス方式の導入の議論もまったく不要になります。いわゆる外形標準課税のひとつで、取引税の性質であるともいえます。

　したがって、企業の消費税申告の事務負担が極端に減るとともに、消費税の益税、不正還付、課税もれやグレーゾーンなどのさまざまな問題が解消できます。接待交際費や旅費交通費などで問題になる消費行動と税負担のギャップを解消することができて、企業も消費者と同じ消費であれば同じ負担が生じるという効果が実現できると思います。

　わずか2％の税率では消費者の税負担感がやわらぎ、ひいては消費の拡大につながると思われます。景気が良くなり増税が可能な環境になれば、3％に税率を引き上げて大幅な税収増加も期待できます。そして財政健全化に一歩でも近づけてほしいものだと思います。

5．理想的な税金とは

　たとえば、ふるさと納税を促進するため寄付金控除を拡大したり、国際競争力を高めるため法人実効税率を引き下げたり、年寄りから若者へ資産を早期移転させるため贈与税を非課税にするという政策は、部分的には効果があるかもしれませんが、全体から見れば経済に中立ではなく、税制にゆがみが生じて課税のバランスを欠くという結果になりかねません。

　そもそも、誰に対してどのような税金をいくら課税するかという問題は、所得課税、資産課税、消費課税のバランスをつねに考えながら決めていかなければならないと思います。所得課税とは所得税、法人税や住民税などです。資産課税とは相続税、贈与税、固定資産税などで、消費課税とは消費税、酒税、ガソリン税などです。また、所得税や法人税などの直接税と、消費税などの間接税とのいわゆる直間比率、そして税金と社会保険料を合わせた合計負担割合も総合的に考えなければなりません。

　国が政策としてあるサービスを行うためには、国民はそれなりの税金を負担しなければなりません。サービスの程度を高くしてほしければ、それに応じて負担も増えます。反対に負担を減らしたいならば、サービスの程度が低くてもがまんしなければなりません。政府がサービスの程度とその負担の基準を明確に示して、妥協できる線で税金を決めていけば国民は納得できるのではないでしょうか。

　企業や消費者の税金負担が公平になるように、そして国民の幸福の程度が最大になるように、すべての税金の制度を見直し、組み立てることが日本の将来にとって必要なことであると思わ

れます。

おわりに

　消費税の課税の仕組みと問題点をとりあげて、税収増加を主目的とした観点から消費税の抜本的な見直しを提案しました。

　課税のぬけ穴を防止する目的や政策目的で毎年のように改正が重ねられた結果、複雑でわかりにくい税金制度になっています。しかも、今の税制では税収の大幅な増加と、国の財政再建を期待することはむずかしいようです。

　発想の転換をして、簡単で明瞭な税制であって、税収増加が期待できて、しかも国民が納得できる税制を考えることが必要ではないでしょうか。

　執筆にあたり次の資料を参考にしたことを申し添えます。
　　国税庁ホームページ
　　財務省ホームページ
　　消費税のあらまし（平成２７年６月国税庁）
　　図解消費税（大蔵財務協会）
　　週刊税務通信（税務研究会）
　　木村剛志著「消費税法の考え方、読み方」（税務経理協会）
　　伊藤義一著「消費税神話の疑問」（ＴＫＣ）

【著者略歴】

尾田　寿昭（おだとしあき）

北海道出身
北海道立旭川東高等学校卒業
中央大学商学部会計学科卒業
中央大学経理研究所入所
東京国税局間税部、総務部、調査部、横浜中税務署、神田税務署などに勤務
うち、消費税担当統括国税調査官に15年間携わる
現在、税理士、一級ファイナンシャル・プランニング技能士、宅地建物取引主任者

消費税は2％がいい

2016年6月7日　初版第一刷発行

著　　者	尾田寿昭
発行・発売	創英社／三省堂書店 東京都千代田区神田神保町1-1 Tel.03-3291-2295　Fax.03-3292-7687
印刷・製本	日本印刷株式会社

Ⓒ Toshiaki Oda 2016　不許複製　　　　Printed in Japan

※乱丁、落丁はお取り替えいたします。
※定価はカバーに表示してあります。

ISBN978-4-88142-980-8 C0033